JN441207

머묾과 채움 사이의 향기

머뭄과
채움 사이의
향기

김영순 지음

봉트

머묾과 채움 사이의 향기

바쁘게 살아가면서도 가끔은 어디를 향해 가고 있는지를 묻지 못한 채 시간을 건너갑니다.

우리 모두가 해야 할 일이 있었고 미룰 수 없는 선택들이 하루하루를 채워갑니다. 그러는 사이에 삶은 늘 채움의 방향으로만 흘러갔습니다. 그러나 어느 순간 멈추어 서있는 법을 알게 되어 머묾은 후퇴가 아니라 성찰이라는 것을 깨달았습니다.

세월은 언제나 바쁘게 흘렀지만 그 속에서도 순간순간 멈추어서 사람을 바라보고 나를 돌아보고 세상을 다시 바라보는 머묾의 시간과 그리고 채움의 시간들이 나를 이끌고 있었다는 사실을 알게 되었습니다. 가끔은 삶이 비워짐이 아니라 머묾과 채움의 반복이라는 생각에 앞만 보고 달릴 때 느끼지 못했던 숨결, 사람의 표정 마음의 결이 머묾의 시간 속에서 향기를 낸다고 생각했습니다.

그리고 스스로에게 부끄럽지 않으려는 마음의 향기를 품은 채 다시 달려갈 때 삶은 조금씩 채워진다고 느끼는 것을 여러분들과 공감하려는 속내를 글로 써서 함께 하려고 합니다.

삶을 채워 나가던 시간들 사이에서 건져 올린 어쩌면 기록이라고 생각을 할 수 있습니다. 특별한 글의 내용으로 이야기를 하려고 하지 않았습니다. 그저 지나온 시간을 정직하게 바라보고 그 안에서 배우고 느낀 것을 마음의 결로 담아내려고 했습니다.

어떤 기억은 말로 남지 않고 어떤 시간은 글로도 다 담아낼 수 없습니다. 그러나 지나간 시간들이 완전히 사라지지 않고 향기처럼 남아 있기를 바라는 마음에서 글을 써서 책으로 묶었습니다.

이 책을 읽으시고 머묾과 채움의 사이에서 독자 여러분의 향기를 발견하시기를 바랍니다.

책을 고급지게 묶어준 도서출판 몽트 김미희대표와 가족들 그리고 두 번째 에세이집 낼 때 첫돌이었던 외 손주가 2026년도에 초등학교에 입학할 거라고 준비가 대단합니다. 멋진 어린이로 건강하게 자라주어서 너무나 고맙고, 특별히 관심을 가지시고 책 출판을 독려하여 주신 조원칠 회장님께 감사드립니다. 책 표지 그림을 선뜻 내어주신 이혜란 화가님께도 감사의 말씀을 드립니다. 또한 과분한 추천사를 써주신 안산뉴스 여종승 대표님께도 감사의 말씀드립니다. 독자 여러분 그리고 함께 하는 주변에 모든분들께 감사의 인사를 드리며 늘 건강하시고 행복하시기를 축복합니다. 감사합니다.

2026년 2월 저자 벽소 김영순

「 목 차 」

PART Ⅲ _살다보면 알게 되는 것 들

PART Ⅳ _표정이 있는 윤슬

PART Ⅴ _시간의 뒷 모습

PART I_ 사람과 사람 사이에 길이 있다

세계적인 언어가 된 우리말

우리나라에 정말 반가운 소식을 들어 기쁘기 그지없다.

드디어 우리나라에서 노벨문학상을 받는다는 뉴스 특보가 방송사 자막에 빨간 판에 흰 글씨로

자막이 방송사마다 계속 나왔다. 진짜일까 하는 마음에 이리저리 채널을 돌려봐도 다 똑같게 특보로 이 반가운 소식을 알리고 있었다.

다른 상도 아닌 노벨문학상이라니 정말인지가 계속 궁금증을 불러일으켰다. 일찍이 문학계에 원로이신 고은 시인이 수차례 노벨문학상에 노크하는 도중에 본인의 여러 문세로 중단되기도 했다. 우리나라의 문학은 정말 대단하다고 한다. 그러나 책의 내용을 우리의 감성이 듬뿍 담긴 언어문화를 영어로 번역하는 데 큰 어려움이 있다고 한다. 나라마다 가지고 있는 특유의 전통과 또는 내려오는 습관 등을 영문으로 책의 내용을 담아내기에는 정말 어렵다고 한다.

그런데도 한강이라는 소설가가 노벨문학상을 받았다. 수상자가 가장 많이 나온 언어는 영어와 프랑스 언어가 가장 많이 받았다고 한다. 우리나라 문학의 장르마다 귀하고 대단한 글이 많다. 하지만 노벨이란 문 앞에는 늘 한림원인 곳이 있다. 이곳에서 선정한다. 한림원의 위원들은 유럽의 작가들로 구성되어 있어 한림원 위원들이 지구상의 언어를 모두 이해하여 상 주는 것을 할 수는 없을 것 같다.

방송을 시청하고자 하면 매번 국회에서 의원들이 말도 안 되는 상식적이지 않고 국민의 생각을 전혀 반영하지 않는 당리당략 싸움의 모습으로 보기도 싫은, 안 보고 싶은 것을 방송해서 이리저리 채널을 돌리기 바쁜데 이렇게 당당하고 기쁜 소식을 뉴스 특보로 접하니 모든 국민이 두 손 높이 들어 대환영할 것이다.

노벨상은 인류문명 발전에 기여한 사람에게 수여 된다. 물리학상, 화학상, 생리학, 의학상, 문학상, 평화상, 경제학상, 총 6개 부분이다. 노벨상은 신형 폭약인 다이너마이트를 개발해 백만장자가 된 사업가 이자 공학자 알프레트 노벨의 유언으로 만들어졌다고 한다. 다이너마이트가 군사적으로 이용되는 것에 회의를 느꼈던 노벨은 유산 94%를 기부하여 노벨상을 설립하게 되었다고 한다. 노벨상은 국적과 인종 종교 이념과 관계없이 받을 수 있다고 한다. 그러나 그중 경제학상은 기존 노벨상보다 68년 늦게 제정되어 스웨덴 은행에서 수여하는 것을 원칙으로 한다고 한다. 노벨의 유언이 없었기 때문이라고 한다.

요즘 지구상에 한류가 대세를 이루고 있다. K팝, 영화, 드라마, 음식으로 이어져 이제는 소주까지 미국 영국 중국과 아시아의 전역에서 MZ세대들이 즐겨 찾고 마시고 있다고 한다. 소주를 먹어보고 인터뷰한 외국의 MZ들은 소주의 향이 다양한 향이 있고 도수도 낮고 해서 즐겨 찾는다고 했다. 유럽 여행을 다녀오면서 마시던 못 마시던 양주를 사오던 때도 이젠 라떼가 되어가는 것 같다.

뉴스에 보면 냉동 김밥이 없어서 미국에서는 예약까지 한다고 한다. 어디 그뿐인가 유명 연예인들이 해외 여러 나라에 식당을 2주 정도 열어 비빔밥과 불고기 꼬리곰탕을 만들어 현지인들에게 판매하여 우리의 음식문화를 널리 알리고 있는 프로그램도 그 몫을 충분하게 하고 있다고 할 수 있다. 사소한 것 같지만 이런 일들이 모두가 모아져 큰일을 돕는다고 생각한다.

우리의 음식을 먹어보면 우리의 언어를 이해하기 더 쉬울 것 같다. 어느 나라이든 그 나라의 의식주를 이해하면 그 나라의 문화를 충분히 소화하고 이해할 수 있다고 생각한다. 나라마다 기후와 환경조건에 적응하여 살아가면서 만들어지는 것이 문화이기 때문이다.

아무튼 우리도 이제 노벨문학상을 받은 나라가 되어서 정말 기쁘고 좋다. BTS가 세계적으로 팬덤이 있다면 한국문학에도 팬덤이 생기길 기대해 보며 한국문학의 우수성을 지구상에 책을 읽는 모든 사람에게 알리는 일이고 국가적인 쾌거이다. 개인의 영광을 넘어 한국문학에 새로운 활력을 불어넣은 기회여서 정말 기쁘다.

춤 _Line Dance

날씨가 따뜻해지면 쉽게 할 수 있는 운동으로 모두 밖으로 나와 뛰거나 걷는 운동을 한다. 물론 추운 겨울에는 사는 주변 환경을 고려하여 뛰거나 걷는 일은 착실하게 하는 시민들도 많다. 하지만 올해는 유독 눈이 많이 오고 날이 추워서 눈이 녹지 않아 뛰거나 걷는 일이 쉽지는 않았다.

우리 도시는 동서남북 어딜 가도 운동하기에 좋은 장소가 많다. 특히 뛰거나 걷는 장소는 잘 조성되어 있어서 사시사철 운동하기에 부족함이 없다. 단지 겨울철이 조금 어려움이 있지만 본인의 의지만 있으면 운동할 수 있다. 이렇게 밖으로 나가서 운동을 못하는 때에는 실내에서 운동을 많이들 한다.

실내에서 운동할 수 있는 것 중에 요즘 유행하고 있는 라인댄스Line Dance다. 라인댄스는 여러 사람이 한 줄(라인) 또는 여러 줄로 정열 하여 같은 동작을 반복하는 춤이다. 주로 컨트리 음악이나 팝, 라틴음악 등에 맞춰 파트너 없이도 즐길 수 있는 춤이어서 요즘 많은 사람에게 운동으로 사랑받고 있는 춤이다.

대중문화와 함께 확산되면서 1990년도 이후 Billy Ray Cyrus의 Achy Bretky Heart가 큰 인기를 끌며 라인댄스 붐이 일었다고 한다. 요즘 우리나라의 라인댄스를 추기 위한 음악은 트로트가 대세이다. 방송국마다 트로트 붐이 일고 있어서 더욱 라인댄스 춤 곡으로 트로트가 또한 많은 사랑을 받고 있다. 물론 라인댄스 스텝 박자와 잘 맞는 것을 선택했기 때문일 수도 있지만 요즘 우리나라에서 남녀노소를 불문하고 트로트에 관심이 없는 사람은 별로 없는 것 같기 때문이다.

춤과 잘 어울리는 트로트 곡에 많은 사람이 정렬하여 같은 동작으로 반복하여 1시간가량 춤을 추고 나면 스트레스도 없어지고 익히 알고 있는 트로트 곡에 맞춰서 땀을 흘리며 몸을 움직였다는 것에 대해 스스로가 대단한 운동을 했다고 생각하기에 만족도에서는 높은 것 같다. 몸을 움직여 노래에 맞춰 춤이라는 것에 도전했다는 것만으로도 대단한 데 스텝이 남들과 같이 잘 안되어도 또 잘 되어도 아무튼 남들과 같이 함께 춤이라는 것을 통해 운동했다는 것에 스스로에게 많은 점수를 줄 수 있다.

우리는 춤에 대해서는 전문가가 하는 일이고 그 외에는 많은 선입견을 가지고있다. 하지만 이렇게 대중적인 라인댄스가 운동을 겸할 수 있다고 한다. 요즘은 전문적으로 춤으로의 일자리가 탄탄하다. 젊은이들만 하는 게 춤이 아니다. 모든 세대가 함께 즐길 수 있는 춤으로 표현된 운동이라고 여기고 참여하면 좋을 것 같다.

한때에는 에어로빅과 스포츠댄스라고 해서 유행하여 많은 사람이 춤에 관해 관심을 가진 시간이 있었다. 그것도 시간이 지나고 보니 조금은 춤에 대한 관심도는 낮아졌지만, 우리에게 춤이라는 것에 대한 큰 인식을 바꾸는 역할을 했다. 이제는 라인댄스가 대세이다.

방송에서도 보면 가수들이 노래하면 백 댄스의 역할만 하던 춤이 장르불문 이제는 춤에 대한 예술의 한 부문으로 인정하여 춤(댄스)의 각 장르로 경연하기도 한다. 우리의 인식변화로 많은 변화가 있었다.

춤은 시대에 따라 변하면서도 공동체의 정신과 정서를 담아내는 중요한 문화 요소로 자리를 잡는다고 한다. 춤은 단순한 움직임이 아니라 정체성을 담은 예술이며 역사라고 할 수 있다고 한다. 우리의 트로트 곡에 춤을 추는 라인댄스가 더 확산되어 훗날 정체성 역사의 한 페이지가 될 것이다.

카페와 아름다운 윤슬

스타벅스가 1999년 이화여대 앞에 이대점을 오픈했다. 이전에는 보통 사람들을 만나서 차를 마시는 곳을 다방이라고 했다. 젊은 층이 많이 찾는 음악다방으로 유명한 곳도 있었다. 일명 음악다방에는 DJ가 있어서 유명한 DJ도 탄생하고 팬을 확보한 DJ도 있었다. 다방이란 이름은 일본을 통해서 들어온 명칭이라고 한다.

예전에는 맛난 커피를 마시려면 호텔커피숍을 가야 마실 수 있었다. 호텔커피숍의 커피값은 보통 다방보다 값이 비쌌다. 호텔 커피는 요즘 우리가 즐겨 먹는 아메리카노였다. 호텔에서는 커피 원두를 바로 로스팅해서 갈아낸 커피에 뜨거운 물을 부어 커피를 내리면 정말 부드럽고 그 향이 구수하여 마셔본 사람들은 모두 그 맛에 빠졌었다.

스타벅스가 1999년도에 들어오면서 많은 메이커 카페가 우리 문화에 점차 스며들며 그 규모가 크고 작은 카페들이 나름의 시그니처 커피를 내놓으면서 점차 늘어나기 시작했다. 이제는 인가가 없는 시골에 멋지게 카페를 차리고 주변 환경을 관광지로 가꾸어 커피를 파는 카페들도 쉽게 찾아볼 수 있다. 카페란 뜻은 프랑스어로 커피를 뜻하는 데에서 왔다고 한다.

우리 대부도는 서해의 아름다운 바다를 가지고 있는 섬이다. 많은 횟집과 칼국수 집들이 있었다. 그래서 회가 싱싱하니 칼국수에 조개가 많이 들어갔는지 안 들어갔는지를 가지고 한동안은 시민들의 입에 오르내리기도 했다.

스타벅스가 들어온 지 25년이 지난 지금 대부도에는 요즘 유행하는 카페가 하나둘 생기더니 이제는 아예 횟집을 리모델링 해서 멋진 카페로 재탄생되어 관광지로서의 면모를 갖추어 가는 것 같기도 하다. 카페 내부 인테리어를 바다로 향한 통창을 설치해서 커피 한잔을 마시면서도 시원한 파도가 밀려가고 오고를 보고기도 하고 또 잔잔한 바다에서는 아름다운 윤슬을 볼 수도 있게 잘 설계되어서 찾는 이들의 만족도를 높이고 있다.

카페에는 맛난 빵들도 구워져 나와 있어서 커피와 계절 음료를 곁들여 먹는 것도 유행 따라 번져 나가는 것 같다. 멀리 휴가를 안 가더라도 하루만의 멋진 휴식의 시간을 우리의 대부도에서 가져 볼 수 있다. 카페뿐만 아니라 먹거리도 요즘 사람들이 좋아하는 피자부터 스테이크 통닭 등이 있는 것 같다.

카페에는 어린 아기를 유모차에 태우고 온 젊은 세대와 나이가 드신 부모님과 더 나이가 있어 보이시는 어른까지 3~4대 식구가 함께 차와 빵을 먹는 모습을 쉽게 볼 수 있다. 모두 행복한 시간을 보내는 것에 흡족해하는 모습이 정말 보기 좋은 요즘의 우리 대부도의 모습이다.

카페의 외관도 멋지다. 일명 베트남 파라솔로 바다와 잘 어울리게 설치하거나 야외에서 즐길 수 있는 소파 등도 나름의 멋을 부리려 놓아서 사진을 찍으면 동남아 여행지 같다. 요즘의 시류에 함께하는 것도 좋지만 대부도에서만 만나 볼 수 있는 새로운 문화가 탄생 되어 정착되길 기대해 본다.

체리

더위가 이제 물러갈 때도 되었지만 휴가를 마치고 돌아와도 연일 무더위와 씨름을 해야 하는 요즘이다. 코로나-19로 2년이 넘도록 휴가를 휴가답게 보내지를 못했다. 감사하게도 올해는 휴가를 다녀올 수 있어서 모두 가깝거나 평소 가고 싶었던 휴가지를 찾아서 떠났다가 돌아오고 있다.

한강을 기준으로 한수 이북 이남으로 우리는 보통 날씨를 이야기할 때 이렇게 쓴다. 한수 이북 지방에서는 30~40년 전만 해도 감나무 사과나무가 잘 키우지 않았다. 사과나무를 키운다 해도 사과에 필요한 일조량이 적어서 단단하고 단맛이 적어서 상품 가치가 없어서 사과나무를 키우는 것에 관심이 적었다. 그래도 포도나무를 키우는 곳은 좀 있었으나 해도 포도알이 역시 알이 작고 단맛이 많이 없고 시어서 포도를 재배하여 상품으로 내놓을 생각들을 하지 않아서 한수 이북 지방에는 과수원이 없었다고 할 수 있다.

하지만 요즘은 한수 이북 지방에서도 감나무를 재배한다. 그것도 대봉이라고 하는 탐스럽고 그 맛이 풍부한 감나무를 심어서 감을 생산한다. 물론 비닐이라고 하는 것에 힘을 빌려서 비닐하우스 속에 키우는 경우도 있지만 그것은 소수에 불과하다. 소설 속에 나오는 감꽃이 떨어지면 주워서 먹었다는 것도 그저 상상 속에 감꽃은 달고 맛 나는 꽃이라 생각했다. 봄이면 진달래꽃잎을 따 먹고 5월이면 향기 좋은 아카시아 꽃잎을 친구들과 뛰어놀다 출출하면 그 향기와 재미로 따 먹곤 했었다.

이제는 사과나무 감나무 포도나무 등 더운 지방에서 잘 자라고 열매가 달고 향이 좋은 과실나무가 우리나라 전 지역에서 재배되고 그 열매가 우리들의 입맛을 공략하고 있다. 오히려 요즘은 날씨가 조금 추운 지방에서 생산되는 과실이 식감이 좋고 그 맛이 풍부하다고 한다.

물론 생산자의 이름표를 달고 판매되는 이유가 있어서일지도 모르겠지만 여름 과일들이 요즘 풍성하게 출하되어 이 여름 우리들의 입맛을 돋우고 있다.

뜨거운 여름 햇살을 받아서 크는 복숭아를 비롯한 자두 천도복숭아 등이 장맛비를 뒤로 한 채 그 향이 좋고 맛이 달고 먹음직하게 익어서 우리 곁에 와있다. 올해는 절기가 빠르다. 하여 휴가를 끝내고 며칠 여름과 씨름하다 보면 추석을 맞이할 채비를 해야 한다. 그래서인지 푸른 사과도 벌써 나와 있다. 여름이 끝날 때쯤이면 우리나라를 향해오는 태풍이 항상 있다. 이 태풍만 올해도 잘 지나가 준다면 여름 과실 가을 과실들이 모두 튼실하게 자라서 출하되어 우리들이 적당한 가격에 구매하여 여름에 소진한 비타민을 채울 수 있을 것 같다.

언젠가 러시아를 여행한 적이 있다. 연해주 근방의 러시아 전통시장을 방문하였다. 사람 사는 곳은 다 비슷한 것 같다. 다른 것이 있다면 그곳의 과일들은 풍성하게 쌓아놓고 판매하는 것이 인상적이었다. 우리는 투명 플라스틱 상자 안에 몇 알 든 체리를 가격이 제법 있게 구입하는데 그곳에서는 체리를 쌓아놓고 팔고 있는 것이 아직까지 기억에 남는다.

체리는 그 지역에서는 생산되지 않고 러시아 내륙지방에서 많은 양이 생산된다고 한다.

그래도 가격이 정말 저렴했었다는 기억이 난다. 맛난 과일 이야기는 해도 해도 다 못 할 것 같다. 동남아에서 생산되는 망고나 바나나 키위 파인애플 등은 우리나라에서 요즘 언제 어디서라도 구입 할 수 있다. 열대과일도 많이 먹으면 좋다. 하지만 우리나라에서 생산되는 제철 과일을 많이 먹어두면 겨울 감기 예방도 된다고 한다. 더위로 입맛이 없는 요즘 기름진 음식보다는 과일 많이 섭취하여 두면 건강에도 도움이 될 것 같다.

지인의 등산

존 뮤어 트레일John Muir Trail 미국의 캘리포니아 씨에라 네바다 산맥의 긴 등산로로 338.6km길이라고 한다. 북쪽으로는 요세미티 밸리의 해피아일 리스에서 시작하여 남쪽의 위트니 산으로 이어지며 등산로는 또한 씨 콰이어 그리고 킹스 캐니언 국립 공원도 지나간다고 한다.

언제가 방송에서 방영되어 보게 되었다. 그런데 이곳을 지인이 다녀와서 그 도전에 놀라움을 금하지 못하며 그가 쓴 글을 소개한다.

지인은 카톡에 이렇게 글을 올렸다. "존 뮤어 트레일(네바다 시에라산맥)완주를 마치며 인사드립니다. 26박27일 총 427km를 78만보로 걸어서 커튼우드캠핑 그라운드에서 시작 미국본토 최고봉4,400m 높이 13개의 패스를 넘어 오르고 내리고를 반복하며 최초9명중 중도포기 3명 인솔자 포함6명이 무사히 요세미티 해피아일리스 종점에 완주하여 빽백커 캠핑그라운드에서 야영을 마치고 귀국하기 위해 LA로 가는 중에 소식을 전합니다.

그 긴 거리를 오르고 내렸던 걸음걸이마다 포기하고 싶고, 어렵지 않는 길 없던 긴 여정을 생각해 보면 저절로 눈물이 흐릅니다. 인간의 삶에서 가장 귀하고 소중한 것이 과연 무엇이란 말인가? 나는 무엇을 극복하고자 이 어려운 고난의 행군을 택하여 끝까지 여기까지 왔던가?

나는 나를 길에서 찾았는가? 나는 얼마나 편한 문명 속에서 편하고 행복한 순간만을 추구하고 살아왔던가? 나는 그동안 얼마나 많은 과시욕과 명예욕 재물욕에 구속되어 진정한 삶의 의미를 잊고 살아왔던가? 모든 구간에서 배낭의 중량감과 깎아지른 듯한 오르막 패스는 타오르는 목과 혓바닥에서부터 온몸을 뒤틀리게 하여 야영장에 도착할 때는 다 타버린 하얀 재로 변한 나를 대지에 눕혀 아침이면 일어나서 걷게 하는 이~우주와 자연의 힘은 무엇인가?

자연은 인간이 마음대로 할 수 있는 대상이 아니라 인간이 자연에 순응해야 생명을 보장받을 수 있다는 당연한 사실을 매 순간 깨닫게 한 길고 힘든 여정이고 살면서 존 뮤어 트레일의 어려운 길에서 얻은 교훈이 내 삶의 많은 지표가 될 듯합니다. 행복한 한가위 추석 명절 보내세요. "하는 글과 함께 힘든 산행 중에도 아름다운 풍경 사진을 찍어서 30장 정도 올렸다.

사진 중에는 높은 산 위에 눈이 쌓여 보였다. 그 아래로 푸른 물이 호수처럼 보이는 사진도 있었다. 보내온 글에서 인간의 한계에 도전하여 극복하고 성취하여 얻은 깨달음을 절절하게 글로 표현하여 우리에게 함께 공유하고자 했다. 그는 전문 등산가도 아니다. 그저 평범한 시민이다. 그리고 그는 사업도 크게 일구어냈다. 하여 지역사회에서 여러모로 기여도하고 있다. 그것뿐만 아니다 나이가 한창때라면 이렇게 그가 도전하여 성공한 글을 소개하지도 않았다. 육십 중반을 넘긴 나이에 도전하겠다는 정신도 대단한데 그것을 실행하여 행동으로 옮긴다는 게 정말 어려운 일이다. 그럼에도 불구하고 그는 그 일을 해냈다. 물론 그것보다 더 험난한 산은 지구상에 많다. 그리고 그것을 정복하고자 하는 사람들이 많다. 그리고 정복한 사람들도 많다. 보통은 전문가들이 한다. 훈련하고 연습하여 산을 정복하는 사람들은 많다. 하지만 일반사람이고 늘 우리와 함께하고 가까운 지인이 이런 대단한 일을 했다는 것에 경이로움에 찬사의 말로는 안 될 것 같아 그가 쓴 글을 소개하며 그가 깨달은 생각이 공유되길 바라는 마음이다.

자연 앞에는 생명을 가진 것과 가지지 않은 모든 것은 겸손해지기 마련이다. 우리가 운동하기 위해 앞산이라도 올라가노라면 운동보다도 발끝에 채는 돌과 나무뿌리에도 때론 생각을 갖게 한다.

올여름 더위가 길어서 모두 힘들어하고 있을 때 이렇게 멋진 도전에 성공한 지인도 있어서 참 자랑스럽고 행복하다고 생각한다. 추석까지 더위가 있어서 약간의 어려움은 있었지만, 그 무더위로 인해서 우리나라에 올 태풍이 중국으로 갔다는 이야기도 있다. 조금 더 생각을 해보면 자연은 무엇인가 우리에게 계속 언질을 주고 있지만 우리가 알아차리지를 못하는 것 같다.

존 무어 트레일 등산하기 좋은 계절은 7~9월 사이라고 한다. 여름철이 등산하기에 비교적 좋다고 한다. 그리고 등산로 이름은 110년 전에 환경운동가였던 존 무어 이름을 붙여서 지었다고 한다. 지구상에 이렇게 아름다운 곳이 많다는 것을 요즘 방송에서도 볼 수 있다. 방송사 채널마다 각 나라의 문화유산도 많이 소개하지만, 그중에 네팔의 무스탕이라는 곳을 인상 깊게 보았다. 드론을 띄워서 보는 자연의 신비함은 그저 신비로울 뿐이었다. 이렇게 신비로운 세상에 우리가 함께 살고 있다는 것이 감사할 뿐이다.

트로트 장르의 전쟁

시베리아 고기압이 겨울철에 내륙 내부에 형성되고 이것이 북극 기단으로부터 에너지 공급을 받으며 확장하여 남동쪽으로 진출해 나온다고 한다. 이때 화북지방이나 만주 그리고 우리나라에 북서 계절풍이 강해지고 기온이 내려가 추운 날씨가 되는 것을 삼한이라고 한다.

반면 사온은 이동성고기압의 중심이 점차 동쪽으로 이동함에 따라 바람은 더욱 약해지고 따뜻해진다고 한다. 이때의 날씨가 3~4일 따뜻해진다고 하여 사온이라고 한다고 한다. 날씨도 라떼 같다.

요즘 방송에는 4월에 있을 총선에 뉴스 초점이 맞추어져 있어서 보고 들으면 여러 면으로 에너지가 낭비가 많이 되고 있다고 느껴진다. 물론 정치를 우리의 생활에서 제외할 수는 없지만 보고 들으면 참 해도 해도 너무들 한다는 생각이 들고 안 보고 안 들으면 속는 기분이 들고 이런 상태를 많이들 느끼고 있음을 정치하시는 분들도 알고 있는지가 궁금하다.

하여 채널을 다른 곳으로 돌리다 보면 또 다른 곳에서는 전쟁 아닌 전쟁을 치르는 것 같다. 현역 가수가 대결하는 구도가 있는가 하면 무명 가수들이 무명에서 탈출하기 위한 전쟁 아닌 전쟁이 방송사에서 프로그램으로 정착이 되어 요즘 진행되고 있다.

현역 가수들은 계급장 떼고 겨룬다. 가수 생활이 30년 된 가수와 3, 4년 된 막 입문한 가수가 대결하는 모습도 보인다. 엄마와 딸의 관계인 나이 차이가 있음에도 경쟁이니 어떻게 하겠는가 지목당하면 대결해야 한다. 피할 수도 없는 냉정한 대결 구도라서 뭐라 할 수도 없다. 선배나 후배가 대결 방식을 알고 도전했으니 정해진 규정에 따를 수밖에 없다.

폭스트롯 장르의 가사가 우리 국민의 정서가 많이 담겨 있다고 한다. 즉 한이 많이 담긴 노랫말이 많다고 한다. 한이 많이 담긴 노래를 현역들이 노래할 때 많이 불러왔고 또 부르는 노래 내용이 무엇을 전하고자 하는지 충분하게 알고 대중에게 전하려고 애를 쓰고 불러서 대중들에게 위로와 힘을 주는 노래일 것이다.

현역들은 족히 10년은 넘게 노래를 해왔으므로 나이가 있다. 하지만 이제 시작한 현역은 10대도 있다. 10대 현역 가수와 30대가 대결을 하면 뻔한 승부가 난다. 심사위원들은 뻔한 승부를 가지고 10대 가수에게 심사평을 이렇게 한다. 노래는 기술만 가지고 하는 게 아니고 그만큼의 세월이 있어야 노래를 잘 전달해야 한다고 한다. 그렇게 심사평을 하려면 당초에 10대 현역 가수는 참여시키면 안 된다. 살아온 세월이 15~18년인데 심사평을 그렇게 하는 것이면 노래를 모르는 우리도 심사평을 할 수 있다.

듣는 우리도 그쯤은 알고 있다. 꼭 살아온 세월이 가사 속에 녹아들어서 우리에게 전달되는 것은 아니다. 10대가 부르는 노래는 듣는 우리도 그만큼 감안해서 듣는다. 최선을 다해서 가사 속에 담긴 내용을 나름 잘 이해하고 부른것만 가지고 심사하면 좋을 것이다.

무명 탈출에 성공한 트로트 장르의 가수들 활약이 대단하다. 군고구마 장사를 하고 결혼식에서 축가로 받은 출연료로 생활하던 가수들이 이제는 자기 기량을 마음껏 뽐내어 좋아하는 팬들도 많이 보유하고 몇 년도 안 되었는데 빌딩을 사고 큰 평수의 아파트로 이사했다는 뉴스를 접한다. 노력한 만큼의 대가 일 것이다. 박수와 응원을 보낸다.

먼저 대결한 선배들의 성공을 보니 더욱더 치열한 것 같다. 노래의 모든 장르에서 트로트 장르에 도전하여 노래를 정말 아름답게 잘 부른다. 우열을 가리기에 정말 어려울 정도로 노래를 잘 부른다. 그리고 그 모습도 더 세련되어지고 아름답다. 우리의 한이 담긴 트로트 장르의 노래가 지금처럼 더 기품 있고 세련되게 꼭 알맞은 목소리 좋은 가수들이 불러서 세계적인 K 트로트가 되었으면 한다.

소통 疏通

트일 소疏에 통할 통通을 한문으로 써서 소통이다. 곧 트여서 서로 통합이라고 한자풀이는 한다. 뜻이 서로 잘 통해서 오해가 없는 것을 말한다. 어떤 것이 막히지 않고 잘 통한다는 뜻으로도 소통이라고 표현한다.

우리는 요즘 이 단어를 참 많이 쓴다. 무엇인가 오해가 많이 생긴다고 여겨서일 것이다. 매스컴이 발달하지 않았을 때는 모든 것에서 그럴 수 있다고 생각할 수 있다. 그뿐만 아니다. SNS를 이용하여 지구상에 있는 모든 것을 한눈에 볼 수 있으며 알고자 하면 바로 알 수 있다. 그리고 알고자 하는 것 알리고자 하는 것을 바로바로 할 수 있는 것을 지구에 모든 대상과 할 수 있다.

또한 개인 간에는 초등학교 4학년 이상만 되면 모두가 가지고 있는 휴대폰이 있다. 개인 간에는 이 휴대폰을 이용하여 알고자 하는 그리고 상대에게 알리고 싶은 것과 전하고 싶은 것을 문자로 손쉽게 그야말로 소통을 깔끔하게 할 수 있다. 또 이모티콘을 이용하여 재미있게 나의 생각을 전달 할 수 있다.

친한 사이에도 대면이나 전화로 할 수 없는 이야기나 생각을 문자를 통하거나 이모티콘을 이용하여 얼마든지 가능하다. 요즘 MZ세대들처럼 줄임 말이라던가 또 다른 그들만의 단어는 기성세대들은 모른다고 해도 기성세대만의 문화로 얼마든지 고급스럽고 멋지게 할 수 있다.

우리는 지금 소통을 외치면서 오해라는 단어가 더 앞서가는 시대에 우리가 살고 있는 것 같다. 유튜브 일명 유튜브를 통하여 각자 개성 넘치는 아이디어로 기발한 생각을 담아서 보여주고 있다. 진짜인 것처럼 보이는 내용을 보면 상상 속에 그려지는 일을 진짜인 것처럼 전파하는 일이 비일비재하다. 그 유튜브를 보는 사람들은 그것이 진짜라고 믿는 사람들과 아니라고 하는 사람들 사이에도 소통의 부재를 우리는 알 수 있다. 가짜를 믿게 하려는 사람들의 상술에 우리가 현혹되어서이다.

우리는 이런 작은 예를 보더라도 내가 알고 싶고 내가 좋아하는 것만 일방적인 소통의 방식을 택하고 있음을 알 수 있다. 소통뿐만 아니다 배려라는 단어 속에 갇힌 우리들의 생각도 같다고 생각한다. 상대의 생각은 알 수 없는 데 일방적인 배려만 하여 그것이 곧 소통의 부재로 다가와

서로의 오해를 불러온다는 사실도 알아야 한다. 소통과 배려는 항상 쌍방이어야 한다고 생각한다.

친한 사이에도 나의 마음을 잘 알거라 믿거니 하고 어떤 일을 진행했을 때 믿는 이의 뜻밖의 생각에 황당하다는 생각이 들 때가 있다. 아주 사소한 것을 더 깊이 생각을 못 한 이유도 있지만 평소와 같은 생각일 거라 믿고 또 그만한 마음이 될 거라는 믿는 마음이 커서일 것이다.

소통은 아주 쉬운데 그 순간순간의 진행하는 일들 또는 진행됐던 일들을 순간적으로 간과해서 일 것이다. 휴대폰 문자 또는 이모티콘을 이용하여 내 마음을 알려야 한다. 그래야 상대는 알아듣고 바로 수정하거나 같은 생각을 내어서 함께 할 것이다.

명절을 맞이하여 서로 잘 알고 이해하여 줄 것이라 여기고 가족 간에 특히 부부간에 아주 사소한 것을 이야기하지 않아서 소통이 안 되었다면 지금 당장 휴대폰 문자로 소통해서 즐겁고 행복한 명절이 모두 다 되기를 기대한다.

소통이 잘 되면 크게는 나라도 편안하고 가정도 편안하다. 모두가 소통하는 방법을 잘 이해하고 잘 사용해서 오해誤解 사실과 다르게 해석하지 않는 긍정인 마음으로 상대방 처지에서 다시 한번 생각해 보면 좋을 것 같다.

풀잎마다 맴도는 이별 노래

백남석 작사 현제명 작곡인 이 노래는 우리가 모두 사랑하는 동요이다.

가을
가을이라 가을바람 솔솔 불어오니/푸른 잎은 붉은 치마 갈아입고서/
남쪽나라 찾아가는/제비 불러 모아/ 봄이 오면 다시 오라 부탁하누나/
가을이라 가을바람 다시 불어오니/밭에 익은 곡식들은 금빛 같구나/
추운 겨울 지낼 적에/우리 먹이려고 /하느님이 내려주신 생명의 양식

여름이 가고 가을이 오는 것은 바람으로 우리가 가장 먼저 느낀다. 동요에서도 '가을이라 가을바람 솔솔 불어오니 가을'이라고 했다. 가을 속에 가을을 가장 많이 닮은 것으로 표현하고자 했던 동요 가을 노래가 입가에 맴도는 요즘이다.

예전이나 지금이나 기후의 문제가 있다고 이야기들 하지만 요즘 미세

먼지가 전혀 없는 파랗다 못해 눈이 시리도록 파란 하늘에 구름 한 점 없이 높고 높다. 더위가 길었던 탓에 찬 바람이 언제 불어오나 하고 기다렸다. 이제 찬바람을 만나고 나니 그새 한 해가 다가고 있음도 떨어지는 낙엽 위에 시간의 흔적이 산뜻한 찬바람 속에 꼬리를 물고 날아다닌다.

가을 여행지는 따로 없다. 발길 닿는 곳이 곧 여행지다. 우리 동네는 동서남북 어딜 가도 여행지다. 공원이 많고 그 속에 가꾸어진 각종 나무가 이 가을에 물들어 가고 있어 정말 아름답다. 혼자도 좋고 둘이도 좋다. 따뜻한 차 한 잔손에 들고 공원길을 걷던지 가로수가 노랗게 물든 인도를 걸어도 가을에 푹 빠져 잠시 잠깐의 감성에 마음 내주는 시간을 가져도 좋을 것이다.

낙엽이 지금보다 훨씬 더 많이 떨어지기 시작하면 가을을 사랑하는 사람들은 가을 앓이가 시작된다. 자연의 이치에 앞서 모든 자연은 겨울잠을 자고 내년을 더 키우기 위한 모습들이다. 하지만 사람 내적으로는 더 성숙해졌겠지만, 외적으로는 자연하고는 정반대의 경우가 된다.

많은 사람이 여행하기 위해 차를 가지고 고속도로로 모여든다. 고속도로는 주말 평일을 별도로 생각할 것 없이 차가 밀리는 것은 똑같다. 길 위에 있는 시간이 많아서 당일 여행 코스는 여행지에 가서 점심 먹고 바로 돌아서서 와야 하는 경우가 많다. 여행지의 곳곳을 살펴보고 할 시간이 없다. 1박을 해야 여행지를 조금은 살펴보고 할 여유가 있는 것 같다.

가을은 꼭 유명한 여행지가 아니어도 좋다. 고속도로로 여행지 목표를 두고 가다가도 차가 밀리면 국도로 내려가다 보면 모두가 여행지다. 추수가 시작된 농촌 마을 산간마을은 유명한 여행지보다 더 많은 가을을 품고 있다. 사시사철 여행은 언제라도 아름다운 곳을 찾아서 떠날 수 있지만 특별히 감성이 충만하게 담긴 가을 여행을 모두 좋아한다. 봄에 꽃놀이 여행도 많이들 가지만 가을이 되면 왠지 한 번은 꼭 해야 할 것 같은 숙제 같은 여행을 마음속에 그리고 있다.

가을이 되면 할 일이 많아진다. 조금 미루다 보면 어느 사이 겨울이 눈앞에 와있다. 미루지 말고 이 가을이 가기 전에 조금의 시간을 내어 푸른 가을하늘도 한 번 보고 물들어 가는 나뭇잎도 떨어지기 전에 보는 것도 좋을 것 같다. 나뭇잎 한 잎 두 잎은 계절의 사연이 새겨진 것 같지만 무리 지어 물들어 가는 나무들의 잎과 풀들 그리고 그 속에 숨어서 떠나고 있는 벌레들의 소리도 들어볼 만하다.

풀벌레들의 합창은 지독하게 더웠던 지난여름의 이야기를 합창으로 하는 것 같은 소리를 들을 수 있다. 세계는 여기저기에서 잠잠했던 무기의 실습이 현실화하여 무서움을 주고 있다. 우리 주변은 이런 전쟁 말고도 여러 상황으로 우리는 바쁘고 일상생활이 쉼이 없이 복잡하고 어수선하다. 약간은 늦게 찾아온 아름다운 가을 속에 쉼을 갖는 시간으로 풍성한 부자가 될 것 같다.

가을의 노래
풀잎마다 맴도는 이별의 노래/몸부림치던 여름의 전설들이/ 하나 울씩 떨어지는/이별의 속삭임이 여기 있습니다/어디론가 떠나야 하는 이별의 아픔이/나뭇잎에 물드는/소슬한 가을입니다./환영식도 없이 왔다가/환송식도 없이 떠나가는/시간의 아린 가슴속에/애절하게 스며드는/추억의 아픔이/뚝뚝 떨어지는 가을이/ 지금 막 우리 곁을 떠나고 있습니다
-시월의 정 김영순 시집

녹턴 nocturne

음악을 하는 전문가들은 장르를 불문하고 음악 위주의 일상이 이어지겠지만 보통의 시민 우리는 주로 음악을 듣는 것으로 차를 운전할 때 차 안에서 라디오를 통해서 듣는다. 내가 좋아하거나 듣고 싶어서가 아니라 진행자의 의도대로 음악을 듣게 된다. 물론 그 방송을 듣기 위해 채널을 고정하여 놓고 듣는 것은 다른 방송보다 본인이 원하는 프로그램이 마음에 들어서이기도 하다.

프로그램은 다양하지만 특별하게 클래식을 주로 방송하는 채널도 있다. 음악을 전공한 사람들은 어떤지는 모르겠지만 보통의 사람들은 클래식을 어렵다고 생각되어 별로 선호하지 않는다. 학교 다닐 때 교양 정도로만 몇몇 클래식 곡을 알거나 들어본 것 같은 생각하고 있을 것이다.

저녁 퇴근길에 차는 밀리고 있는데 라디오 방송에서 마음을 흔드는 음악이 가을 낙엽이 떨어지는 것을 눈으로 마주한 듯한 음악의 선율이 흘러나와 마음에 꽂히는 클래식 음악 곡명을 진행자가 설명했었는데 잊어버린 것 같은데 생각나는 음악이 있다. 바로 '녹턴'이라는 제목을 가진 클래식 음악이다.

'녹턴'은 야상곡夜想曲이라는 의미라고 한다. 낭만파 시대에 피아노를 위하여 작곡된 소곡에 붙여진 이름이라고 한다. 평온하고 서정적이면서 다양한 감정을 표현했다고 한다.

서양음악치고는 무척이나 우리의 감성을 많이 가지고 있다. 그것은 '녹턴'을 작곡한 쇼팽이 어린 나이에 조국 폴란드를 떠나 타국에 살면서 조국과 부모·형제를 그리워하는 마음을 담아 작곡된 곡이라서 일지도 모른다. 보고 싶은 고향의 보모 형제와 조국을 그리는 사무친 마음을 잔잔하게 채우고 있다. 평온에 마음을 둔 것을 음률로 표현하여 아름다운 음악이 탄생 된 것 같다. 그래서인지 가을 음악을 듣는 우리의 마음을 평안하게 평온으로 이끌어 주는 것이 아닐까 싶다.

폴란드에서 태어난 쇼팽은 조국이 주변 강대국으로 나누어져 빼앗겨 없어져서 귀국할 수가 없는 처지에 병약한 그는 그 사무친 마음을 악보에 표현하였다고 한다. 가고 싶어도 갈 수 없고 보고 싶어도 볼 수 없는 17세 어린 마음 내적 그리움과 상실감이 지금 우리가 들어도 그 감성이 우리 마음에 꽂히는 것은 요즘처럼 풍성한 가을밤에도 왜 잘 어울리는지는 이해가 되는 부분은 요즘 자연이 자연으로 돌아가는 가을이라서 그럴 수도 있을 것 같다.

사람의 마음은 동서가 다르지 않음을 알 수 있다. 조국에 대한 사랑 고향을 그리는 애절함이 우리의 정서와 잘 어울려서일지도 모른다. 우리의 역사도 부모 세대들이 겪었던 그 일들이 직접적인 경험은 없더라도 여러형태로 간접경험이 쇼팽이 처한 상황이 녹턴에 녹아 있는 쇼팽의 마음을 알 것 같은 동질의 마음이 아닐까. 그래서인지 클래식에 대한 상식이 없어도 이 음악은 충분한 정서적 이해를 갖고 푹 빠질 수 있는 음악이다. 대중가요 중에도 '녹턴'이 있다. 이은미 가수가 불렀다. 가사는 해서는 안 될 사랑에 대한 구구절절한 내용이다. 이은미 가수가 특유의 호소력으로 깊게 노래할 때는 가사 내용은 또 다르게 느껴진다.

녹턴nocturne이라는 제목은 170년 전에 작곡되어 수없이 연주 되어왔다. 요즘같이 주변이 여러 일로 슬프고 어려움을 겪을 때는 한 번쯤 들어보길 권하고 싶다. 클래식에 대한 문외한, 그러니까 상식이 전혀 없더라도 들으면 마음이 안정되고 평화로움이 느껴진다. 우리 함께 들어볼까요.

참! 많이 감사합니다.

다른 여느 해보다 더 바쁘고 분주하게 모두가 12월을 맞이했고 또 보내야 하는 때에 있다. 감염병으로 마스크를 계속 착용하면서 모든 생활에 익숙해져 있지만 3년을 마스크를 착용했음에도 여전히 여러모로 불편하다. 마스크를 착용하다가 잠깐이라도 벗어 놓으면 곧 잊어버려서 다시 착용할 때는 이리저리 찾아야 하는 번거로움은 여전하다. 이런 불편함은 익숙함에 모두가 서로 이해하고 여분을 챙겨주기도 한다.

이렇게 소소한 것으로 모두가 나눔을 하고 모두가 서로를 챙기고 하는 남다른 우리의 정들이 여기저기에서 볼 수 있음도 참 우리만이 할 수 있는 귀한 마음이라고 생각이 든다. 더불어 주변에서는 좋은 일이 많아져서 정말 좋다. 지난 3년간 서로 못 만나고 못 보고 하였지만 자연스럽게 이제는 만나고 볼 수 있는 것이 얼마나 행복한지를 더 잘 느끼고 알 수 있고 깨닫게 하는 시간이었는지를 알게 하는 귀한 시간이었음을 더 진하게 느끼는 12월이기도 하다.

요즘 지역신문을 보면 온통 작은 나눔에서부터 큰 나눔에 이르기까지 온통 사회 분위기가 서로 나눔을 하여 함께 행복해지자는 아름다운 지역사회 분위가 고조된 것 같아 정말 12월이라고 더욱더 느끼게 한다. 개인이든 크고 작은 모임이든 큰 기업이든 작은 기업이든 어떤 명분이라도 나눔을 한다는 게 우리가 해야 할 일 중에 가장 큰 일이라고 생각한다.

유난히도 호랑이해 시작은 여러모로 어렵고 힘들고 우울하였지만, 마무리 단계에서는 우리가 살고 있는 지역에서의 모습은 열심이고 적극적이면서도 활기가 넘치는 나눔을 하는 것은 우리가 모두 바라는 사회 분위기이고 우리가 모두 행복한 사회로 가고 있음을 알 수 있어서 정말 이 사회 속에 일원인 것이 기쁘고 행복하다.

우리는 모두가 대단한 시민이라는 것을 보여주는 것이라고 생각한다. 우리 시민들이 앞장서서 많은 나눔을 하고 서로를 칭찬하고 부정적이지 않고 긍정적일 때 일어나는 사회적 분위기라고 생각한다. 우리가 모두 각자의 위치에서 모든 것에 긍정적으로 사고하여 긍정적인 성과를 얻어 내고 이룬다면 우리 지역사회는 내년에는 다른 어느 도시보다 앞서나가는 시민이 행복한 도시가 될 것이다.

지역사회 분위기가 좋다 각자 추구하고 지향하는 방향이 같을 수는 없다. 서로가 다름을 인정하여 그 다름 속에서 새로운 발전적인 것을 얻어내고 그로 인하여 더욱더 각 분야의 모든 것이 시대의 흐름 속에 변화되어 우리만의 문화가 자리를 잘 잡아 뿌리를 내려야 할 것이다.

카톡에 연말이라서 서로에게 보내는 따뜻한 말들처럼 우리가 모두 진실한 말을 한다면 우리는 정말 행복한 도시가 될 것이라도 생각된다. 카톡에 제일 많이 보내지는 따뜻한 말들을 보면 그 첫 번째가 건강이다. 그것은 감염병 때문일 수도 있지만 우리가 살아가는 데 기초적인 인사말이기 때문이다. 남, 여 노소를 가리지 않고 항상 필요한 것이 건강이기 때문이다.

감염병이 유행하기 전에는 행복이라는 단어가 많이 쓰였다고 한다. 이제 그것도 회복되어야 한다. 행복이란 단어가 많이 쓰여 지게 하는 것도 우리의 몫이다. 모두가 건강하면 그것이 곧 행복으로 이어지기 때문이다. 카톡 동영상으로 많이 전해지는 따뜻한 인사말을 소개한다.

'계절이 가는 날들이 아쉬워 새롭게 맞는 날들이 아쉬워 얼마 남지 않은 12월의 길목에서 안부를 전합니다. 당신이 행복하길 바라는 마음의 안부를 전합니다. 살아가면서 만난 내가 좋아하는 사람과 더 좋은 인연을 이어가고 싶어서 살아가면서 만난 좋은 인연을 놓치고 싶지 않아서 살아보니 알게 되더이다. 많이 아파봤기에 아픈 눈물을 알고 좋은 사람을 만나 조금은 웃었기에 늘 웃는 즐거움을 알게 되고 함께 살아가는 것이 참 행복한 길임을 알게 되더이다. 나를 사랑하는 만큼 내가 좋아하는 사람을 사랑하면서 살아가렵니다. 내가 소중한 만큼 내가 좋아하는 사람을 소중히 여기며 살아가렵니다. 오늘도 그리고 내일도 행복하길 바라는 마음 인사를 전합니다. 참 많이 감사합니다. 참 많이 건강하세요. 참 많이 행복하세요. 참 많이 사랑합니다.'

축제 속에 담겨 있는 여러 나라 문화

하늘이 드높다. 언제 우리 곁에 왔는지 가로수에 가을이 와서 색칠을 시작하고 있다. 늦더위가 계속되어. 그냥 여름의 계절로 가을은 오다가 그냥 겨울로 갈 것 같더니 차 창밖의 가로수들이 어느새 예쁜 색칠한 옷으로 갈아입기 시작했다.

유난히도 하늘이 맑고 깨끗하며 한낮 기온은 정말 여름철의 온도와 차이가 나지 않을 만큼 따갑다. 분홍빛의 장미는 날씨 온도만 믿고 까칠한 대궁위로 꽃잎을 내어 피어있다. 어느 날 갑자기 얼어붙을 것 같은 불안함에 마냥 좋아 보이지는 않는다.

우리 동네는 그 어느 해보다 동서남북 곳곳에서 축제가 열린다. 코로나 팬데믹 이후라서 그런지 활기찬 시민들의 모습에서도 건 3년을 숨죽여 평범한 일상을 얼마나 그리워했는지 알 수 있다. 평범한 생활이 소중했던 것을 한 번 더 느끼면서 가을 축제에 흠뻑 젖어있다.

그 축제는 내용이 별반 다르지 않다. 주최 측이 시민과 함께하겠다는 뜻도 중요하지만 거의 내용이 똑같아 보인다. 특별한 내용으로 축제를 한다면 동서남북의 시민들에게 서로 다름과 특별한 내용이 담긴다면 더 좋을 것 같다. 올해는 이제 서서히 축제의 시간은 지나가고 있다.

그중에 조금은 특별하다고 볼 수 있는 축제가 있다. 원곡동 국경 없는 마을, 크지 않은 마당에는 다양한 나라의 민속춤과 노래 악기 연주를 들을 수 있다. 여러 나라의 민속춤은 정말 아름답다. 우리가 여행을 간다고 해도 그 나라 고유의 노래 그리고 악기들을 보기 쉽지 않다. 하여 특별하다. 그들이 고국을 떠나오면서 다양한 직업군에서 일을 하여 경제적으로 더 발전된 삶을 살기 위해 왔을 것이다.

그럼에도 그들은 잠깐의 자투리 시간을 모아 같은 나라에서 온 사람끼리 고국의 향수를 그리며 갈고 닦은 춤 노래 연주 등을 공연장에서 공연하기에, 공연장의 불편을 감수하고 최선을 다하여 발표하는 것을 보면 가슴이 따뜻해진다. 그들이 우리 곁에서 함께할 수도 있고 고국으로 갈 수도 있지만 발표된 춤 노래 연주에서 우리의 가슴속에 전달된 감성의 씨앗은 다시 싹을 낼 수도 있다.

그들이 공연에서 보여준 다양한 연주는 그들의 고국에서 가져왔을 것이다. 그리고 공연을 위해 쓰이는 도구들은 우리 동네에서 재료를 구입하여 만들어서 무대를 빛냈을 것이다. 세월이 흐르면 흐를수록 우리의 춤과 노래 연주 등에 서로가 서로에게 물들여질 것이다. 새로운 문화가 만들어질 것이다.

다문화가정에서 자라난 아이들이 아빠 나라의 문화와 엄마 나라의 문화를 모두 습득하게 될 것이기 때문이다. 다문화가정이 전통혼례식에서 있었던 모습만 봐도 그렇다. 한국인 신부와 중국인 신랑이 한국의 전통 혼례복을 입고 절차에 따라 예를 갖추어 예식을 하지만 그 속에서도 눈여겨보면 다름이 있다. 신랑의 절하는 모습이다. 우리나라의 신랑들이 절하는 모습과는 조금은 다르다. 절하는 모습은 보통의 남자아이들은 아빠한테 배우게 된다. 그러면 우리나라식이 아닌 중국식 절하는 모습을 습득하게 될 것이다. 아주 작은 차이지만 이렇게 여러 나라의 문화가 우리 도시에서 살아서 숨 쉬게 된다.

중국 교포들이 우리의 전통 고전무용을 추는 것을 보면 달라도 매우 다르다. 물론 그들이 중국에서 한국의 어떤 전문가로부터 고증을 받아 춤을 추는 것이 아니라 중국에 있을 때 부모와 이웃들이 추는 것을 보고 기억하여 비슷하게 한다고 볼 수도 있다. 악기도 마찬가지다. 비슷한데 우리의 것과는 다르다. 춤을 추는 무용수들의 의상이 우리 것과는 전혀 다르다. 분명 한 것은 우리나라 전통 노래에 전통춤을 추는 것인데 어느 나라의 문화와 섞이고 물이 들었는지 화려하다.

살고 있는 다문화가정들이 전문적인 예술가들은 아니다. 하여 얼마든지 그럴 수 있다고 여겨진다. 우리나라에 뿌리를 내리고 살아가는 그들에게 우리의 전통춤 노래를 접할 기회가 많았으면 한다. 악기도 우리의 것을 볼 수 있는 시간이 그들에게 주어지면 좋을 것 같다. 새로운 문화가 우리의 도시에서 우리도 모르는 사이에 만들어지고 있다.

PART II_ 세월에 흩어지는 우리의 시간

못 찾겠다 꾀꼬리

어디로 갔나 내 사랑은/못 찾겠다 꾀꼬리/어디로 갔나 내 마음은 못 찾겠다 꾀꼬리/꿈속에 찾아 헤매이는/내 사랑 꾀꼬리/행복 찾아 떠나버린 /내 마음 꾀꼬리/못 찾겠다 꾀꼬리 못 찾겠다 꾀꼬리/못 찾겠다 꾀꼬리 못 찾겠다 꾀꼬리/꿈속에 찾아 헤매이는/내 사랑 꾀꼬리/행복 찾아 떠나버린 내 마음 꾀꼬리

-중략

위 노래는 작사 박건호 작곡 조용필이다. 조용필의 노래로 우리가 어렸을 때 놀이 중 하나인 술래잡기이다. 술래잡기 놀이는 7~8명의 애들이 단체 놀이하기에 좋은 놀이다. 술래 한 명에 나머지가 숨는 놀이다. 숨바꼭질하다 몇 명은 찾았는데 정말 1~2명을 못 찾겠으면 술래가 못 찾겠다 꾀꼬리를 외치면 숨었던 친구들이 다 나온다. 어렸을 때의 감성이 남아 있는 우리에게 잊어버린 순수함과 행복을 찾는 노래로 우리들의 마음을 꽉 잡아 놓고 있다. 찾을 수 없는 아이면 찾을 수 있지 않을까

하는 꿈속에서라도 만나고 싶은 그리움의 표현을 조용필 특유의 해학적 체념이 섞인 밝은 리듬으로 우리 마음 한켠을 차지하고 국민가요로 불리고 있다.

올 10월 추석의 긴 연휴 중에 비가 계속 왔다. 그런 중에도 해외여행도 많이 가고 평소 가고 싶었던 여러 곳을 많은 사람이 찾기도 한 것 같다. 그리고 뉴스에 따르면 긴 연휴 기간에 사람들이 백화점을 많이 찾아서 백화점 매출이 늘었다는 뉴스도 들었다. 아마 비가 계속 내려서 야외 활동이 불편하여 사람들이 가족과 함께 움직이기 편한 백화점으로 향했던 것 같다.

집에서는 TV를 통해서 골프나 예능 또는 영화들을 오랜만에 시청했을 것 같다. 그중에 최고의 시청률이 나왔다는 조용필 노래 특집 방송인 것 같다. 광복 80주년 기념 '이 순간을 영원히' 조용필 가수의 노래를 2시간이 조금 넘도록 TV 앞에서 그의 공연을 다들 시청했을 것 같다.

7~80년대 노래부터 2013년의 bounce 노래까지 수많은 곡을 부르는 조용필의 모습은 처음이나 지금이나 변한 게 하나도 없이 최선을 다해서 노래를 불렀다. 전문가들의 논평에는 노래 중 가장 높은음만 2단계 낮추었을 뿐 원곡하고 하나도 다르지 않게 모두 불렀다고 한다. 조용필 그의 나이 75세임에도 불구하고 기타 치며 노래하는 그 모습은 집에서

시청하는 우리 모두에게 큰 감명을 주었을 것이다. 노랫말에 철학과 우리의 삶에 희로애락이 담겨 있다. 가사를 잘 음미해 보면 참사람의 관계가 얼마나 험난하고 어려운지를 절절한 사연에 곡이 붙여진 서정과 서사가 모두 들어 있는 노래다.

친근한 노랫말과 곡이 장르를 불문하고 우리에게 부담스럽지 않다. 못 찾겠다 꾀꼬리의 내용은 슬픈 노래이지만 우리가 잘 아는 노래 같게 들려서 흥얼거릴 수 있는 노래라는 것에 많은 사람이 듣고 함께 부르며 치유 받는다. 많은 노래는 또 다른 노래로 희망을 품게 한다.

티켓은 3분 만에 모두 소진되었다고 한다. 물론 무료이기도 하지만 해외에서도 그의 노래를 현장에서 듣기 위해 왔다고 한다. 광복 80주년 기념으로 KBS에서 준비한 것 중에 제일 잘한 것 같다. 오랜만에 시청료를 잘 냈다는 생각이 들 정도였다.

그가 하는 말이 노래하다 죽는 것이 제일 좋을 것 같다고 했다. 그가 건강하길 기도한다.

가을 색의 향연

가을이 오는 길목은 어느 해고 태풍하고 한판 씨름을 해야 하는 우리나라 지형이다 보니 참 여러 가지로 해 년마다 어렵고 힘이 든다. 올해는 유독 더 어려움이 크다. 코로나-19로 2년이 넘도록 무엇을 하기에는 여러모로 어려움이 겹겹이 둘러있었다. 올해는 실내에서 마스크 착용은 의무이지만 밖에서는 자유여서 조금은 여러 면으로 수월해질 것이라 여기고 추석맞이를 문화 경제 사회 여러 면으로 준비들 하고 있었다. 그냥 지나쳐 주길 바라는 마음으로 기도하면서 그래도 온다면 약하게 왔다 가길 바랐으나 그 피해는 컸다.

강한 태풍이 온다는 일기예보로 미리 준비는 하였으나 자연이 일으키는 일을 사람의 힘으로 감당하기에는 미약하다는 사실을 알고 있었지만 역시 여러 곳에 피해가 많았다. 안산에도 반월동 주변에 피해가 있어서 시민들이 수해 성금을 여러 곳에서 모아 시에 전달하고 서로서로 돕고 원래의 모습으로 회복되게 하려고 현장에서 함께하는 일손을 보태는 봉사의 손길들이 이어지고 있다.

가을의 문 앞에 서서 보면 그 예쁘던 나무의 이파리가 어느 사인가 검푸른 이파리로 변해 있다. 가로수의 물들지 않는 나뭇잎의 색이 짙어지면 그것은 가을의 요정들이 나뭇잎에 벌써 와서 앉아 있다는 이야기다. 가을과 많이 닮아 있는 식물들이 또 있다. 핑크뮬리라 하는데 언제부터 심어졌는지는 모르지만 찻 길옆에는 여기저기 무리 지어서 분홍색을 펼치려고 준비가 다 되어서 두 번째 다가온 태풍 바람에 허리가 꺾일 듯이 흔들리고 있다.

핑크뮬리는 볏과에 속한 여러해살이풀이고 분홍색 자주색 보라색으로 풍성하게 초가을부터 핀다. 어느 도시에서는 핑크뮬리를 대단위로 심어서 관광객을 모은다고 한다. 관광 상품으로 인기가 대단하다고 한다. 핑크 억새라고도 한다. 도시에 핑크뮬리가 피어 그 아름다운 모습을 보이기 시작하면 가을이 깊어져 가고 있음이다.

요즘은 도시에서는 보기는 어렵다. 가을이면 곡식알들이 여물어 가면 여러 색으로 우리의 마음을 풍성하게 한다. 노란색으로 알알이 맺는 조 이삭 그리고 붉은색을 가진 허리가 휠 듯 줄지어 서 있는 수수와 황금색 벼 이삭이 익어가는 들판을 보면 장마와 태풍을 이겨내고 가지런한 모습으로 줄지어서 마지막으로 힘을 내어서 햇살을 알알이 알맹이에 전하려고 서 있는 모습이 참 그 모습이 대단하다고 여겨진다. 우리 사람들이 할 수 없는 자연만이 할 수 있는 그 대단한 광경을 우리는 살면서 늘 계절이 하고 있어서 그냥 지나치고 만다.

우리는 늘 단풍에만 집중하여 단풍이 북쪽에서 시작되어 남쪽으로 내려간다는 사실에 익숙해져 있다. 하지만 이와 함께 가을 색은 정말 많다. 늦여름 피는 칸나꽃이 불타는 듯한 빨간색인 것과 맨드라미꽃을 끝으로 가을꽃은 그 색이 진하지 않다. 물론 들국화의 노란색은 있지만 가을로 접어들면서 코스모스꽃으로 시작해서 싸리꽃 칡꽃 벌개미취꽃 등이 진보라색으로 시작하여 연보라색으로 많이 핀다.

우리 도시에도 여기저기 둘러보면 야생화를 심어서 관리한다. 여름이면 원추리꽃으로 시작해서 현재는 벌개미취꽃이 피어 있다. 도시 중앙쪽에는 아직도 철모르고 피는 나이 먹은 장미꽃도 있다. 가을 햇살이 좋아서인지 아직도 꼿꼿하게 피어 있는 장미는 5월 장미처럼 그 고고한 화려함은 없다.

이제 마스크를 벗어도 되는 시절을 우리는 맞이하고 싶고 그렇게 되길 바라며 기대하고 있다. 또한 하루속히 태풍으로 잃어버린 모든 것이 하루속히 회복되기를 기도하며 가을 색을 담은 도시와 시민들 모두 풍성함이 넘치는 속이 꽉 찬 가을이 되길 기대한다.

비릿한 냄새와 선부동 사람들 머리끝 심청색 깃발

오늘 아침에는 오랜만에 햇빛이 창문을 통해 거실 한가득 들어와 있었다. 어느 사이 해가 길어진 것을 알 수 있다. 봄의 숨결이 들리는 것 같은 날씨를 무시하고 영하권으로 내려간 날씨로 시작했다.

두꺼운 겉옷을 언제 벗어 놓았는지 잊어버렸었는데 오늘 아침에는 다시 따뜻한 옷을 찾아 입었다. 푸른 하늘은 우리가 지난 3년 동안 감염병으로 마스크를 착용했다가 벗고 처음 보는 하늘같이 느껴진다.

제주도에는 유채꽃이 피었다하고 하동 쪽에는 매화꽃이 피었다는 소식을 접하면서 봄이 오고 있음을 손톱눈만큼씩 우리가 모두 느끼고 있다. 2월에는 학교마다 졸업식이 있다. 그뿐만 아니다. 각종 단체에서도 오랜만에 대면으로 총회를 한다.

지난 3년간 비대면으로 모든 일을 하다가 이제 일상의 회복으로 가는 중에는 변화된 것이 많다. 못 만났어도 발전하는 일에는 우리가 모두 동참하고 하고 있었다. 사람을 못 만나고도 비대면으로 할 수 있는 일들은 지속적으로 이루어져서 주변이 많이 달라지고 변화되었다. 이런 상황에 우리는 익숙해져야 하는 부담감이 있기는 하지만 발전된 주변 환경 쌀쌀한 초봄 같지만, 느끼는 상황은 나쁘지는 않다.

시집과 수필집을 선물 받아서 요즘 읽고 또 읽었다. 시집과 수필집을 집필하신 분들은 우리 고장 분들이다. 시집과 수필집에는 안산이 태동되면서부터 작가가 그 당시 느꼈던 글이 있어 지금의 안산과 대비하면서 읽어보니 참으로 40년 안팎의 도시가 많이 발전되었음을 알고는 있었지만, 글을 보고 더 실감 나게 변화되고 발전되었다는 것을 느낀다.

안산 지역 개발 초기부터 문화재 발굴 상임위원으로 내 고장 전통문화 안산시사 등 지역문화 발전에 이바지하심이 크고 어린이집 원장으로 어린이들 양육하는 일을 끝으로 삶 현장에서의 일을 마치신 김영덕 시인의 글을 소개하려고 한다.

2021년 10월 발행한 수리산 시집 1980년 초 김영덕 시인이 쓴 '사리에서 만나요'

협궤철도 건너/다 저녁/석양을 보아요/마른나무/물 위에 흔들리는/붉은 섬 너머로/ 긴 자줏빛 그림자/밟으러 가요/황해바람/후줄근히/돌아올 때는 비릿한/비늘 냄새/젖어 좋으니/우리사리에서 만나요

'선부동 사람들'
선부동 바람은 곧바로 분다/언제 어디서 왔는지/천풍이 몰아친다/공단 근로자, 날품, 홀앗이/선부동 사람 머리끝엔 심청深靑색 깃발을 꽂고 가슴엔/활화산 하나 타고 있다/공한지에 콩잎 포기 심어놓고/잎이 트기 전에 떠난 사람/밤이면 외마디 소리 종종/그리운 이 불러도/대답이 없던/적막한 공원엔/그립던 나무가 생겨나고/열매가 열리기 시작했다.

위의 글을 보면 안산의 초고층 아파트 앞에 협궤열차가 다니고 있었고 선부동에는 바람이 많이 불고 많은 사람이 공단에 취업하려고 왔다가 어느 사이에 뿌리를 내리지 않고 이사 갔음을 글을 통해서 우리는 알 수 있다. 정붙이고 살아가려고 빈 땅에 콩을 심어놓고 싹이 나기 전 이사를 하였음을 알 수 있다.

안산은 계획된 도시로서 바둑판같이 잘 조성된 면모를 가지고 있었고 그것을 잘 수행하였다. 인근 타 도시에서 부러워할 만큼 인구도 많았다. 그러나 언제부터인지 공단에 공장이 이사하고 지금은 공단에 소규모의

공장만 있다고 한다. 무엇이 잘 못 되어서 인지는 알 수 있을 것이다. 이제부터라도 공단에 크고 작은 공장이 어우러져 잘 가동되어서 초고층 아파트에 그들의 보금자리가 되고 아이들 웃음소리가 시끄럽게 들리는 우리 안산이 되어야 한다.

이제 사리에는 비릿한 냄새는 추억 속에 있다. 대신 최신식 전철역이 있다. 이 전철을 타고 동서남북에서 이렇게 아름다운 추억이 가득한 안산으로 많은 사람이 모여들기를 소망하여 본다.

부럼 깨기와 귀밝이술

음력으로 을사년 새해 시작을 눈과 함께 시작했다. 명절 전날부터 전국에 눈이 많이 정도가 아니라 엄청나게 내려서 명절 교통에 많은 어려움이 있었다. 호남 어느 도로에서는 몇십 대의 추돌사고로 인명 피해는 없었지만, 명절을 맞아 고향 찾아가던 사람들에게는 큰 어려움이 있었다. 명절 내내 함박눈이 많이 내렸다.

예전 명절날에는 이른 아침부터 세배를 시작해서 하루 종일 친척들이 오시면 세배하고 세뱃돈 챙기느라 종일토록 좋았다. 맛난 것 많이 먹고 사촌 오촌들 동생 언니 오빠 그리고 동네 친구들과 썰매 타고 팽이 돌리고 연 날리고 하얀 눈밭을 이리저리 뛰어다니며 노는 재미가 쏠쏠했다. 특히 눈이 많이 오는 명절에는 오랜만에 만나는 친척들과 더 정겨웠던 것 같다.

명절을 준비하면서 가래떡과 보름떡도 만든다. 일명 달떡이라고 한다.

찹쌀가루로 반죽하여 둥글게 만들어서 놓는다. 보름날에 후라이팬에 기름을 두르고 노릇노릇하게 구워서 먹는다. 명절 초하루부터 시작해서 꾸준하게 일가친척들이 보름 안에 어른들을 찾아뵙고 세배를 했다.

이렇게 오시는 일가친척과 동네 이웃들과 마당 한가운데 눈만 치우고 윷놀이 판 멍석을 깔고 윷놀이를 했다. 추위 때문인지 윷놀이에 함께 하는 친척들과 이웃들은 목소리가 꽤 큰소리 내어서 떠들썩했다. 그것을 지켜보는 우리들은 재미있었다.

보름 명절에도 각 가정에서는 보름 음식을 준비했다. 오곡밥과 묵은 나물들을 솜씨 있게 준비해서 이웃과 나누어 먹었다. 오곡밥을 지금은 밥 짓기에 수월하지만, 예전에는 오곡밥 하기가 어려웠다. 따뜻한 물을 덥혀야 했고 아궁이에 불을 지펴서 밥을 하고 음식을 했기 때문이다. 엄마들은 오곡밥이 잘되었는지도 동네 분들과의 이야깃거리였다.

보름날 전인 열나흗날 저녁에는 묵은 나물과 김에다 오곡밥을 싸서 먹는 맛은 일품이었다. 이렇게 밥을 먹고 밖을 나가면 하얀 눈밭에 해 지기 전에 어른들께서 쥐불놀이할 수 있게 장작에 불을 지펴 놓으셨다. 장작에 불이 붙어 피며 내는 소리와 불꽃이 튀어 눈 속에 떨어지는 것도 신나서 보았다. 남자아이들은 어디서 구했는지 깡통에 구멍을 숭숭 내서 그 안에 마른 나뭇가지를 넣고 어른들이 피워놓은 장작불을 조금 넣어서 휘휘 돌리면 불이 붙으면서 깡통 주변에 보이는 불꽃은 어스름한 저녁에 하얀 눈밭에서 보면 정말 예쁘고 신기하기까지 했다. 둥글게 돌면서 피워내는 불꽃의 모습은 멋있다고 할까 새로웠다.

밤늦도록 쥐불놀이하고 보름날 아침에 일어나면 부럼 깨기를 했다. 땅콩 호두 잣 등을 준비하셔서 깨물게 하셔서 한 해 동안의 아이들의 건강을 기원하며 귀밝이술도 주셨다. 어른들께서 처음으로 주시는 술을 먹어보는 기회이기도 했다.

다가오는 보름에는 오곡밥과 묵은 나물 준비해서 가족들과 함께하며 올해의 풍년과 건강을 기원해 보며, 농경사회에서 풍년과 건강을 기원하던 우리의 문화가 전통으로 계속 이어지길 기대해 본다.

노란 나리꽃이 피어 있는 고택

장맛비가 잠시 멈춘 시간 속에 조선시대로 시간 여행을 할 수 있었다. 우리 고장에는 청문당이 있다. 표암 강세황 선생의 그림 속에 있는 조선시대 선비들의 문화 그러니까 여름이 막 시작될 무렵 어떤 문화를 나누고 즐기고 있었나를 청문당에서 배우들의 재현을 통해서 엿 볼 수 있었다.

청문당이라는 이름은 어쩌다들 들어 봤거나 그곳이 무엇을 하는 곳인가를 궁금해할 수도 있다. 현존하고 있는 276년이 된 조선시대의 집이 그대로 잘 보존되어 있다. 그 이름을 청문당 이라고 한다.

청문당이 위치한 곳은 현재는 부곡동 청곡길77에 있다. 이제는 찾아가기 쉽다. 얼마 전만 해도 비포장도로의 주변에는 크고 작은 공장들이 꽉 들어차 있어서 찾기가 그리 쉽지는 않았었다. 이제는 깔끔하게 도로가 포장도 되고 표지판도 깔끔하게 붙어져 있어 언제라도 찾아갈 수 있다.

청문당 주변에 공장이 들어서는 것을 잘 조정하여 다른 곳에 공장들을 지었으면 하는 아쉬움이 많이 있는 곳이다. 하지만 이제라도 잘 정리되고 있다. 일찍이 고택을 챙기지 못한 여러 이유가 있어서 일 것이다. 어찌 되었든 청문당 주변이 깨끗해지고 길이 반듯하게 잘 정리되고 포장이 되어 청문당과 이웃한 주민들 그리고 공장들이 함께 하고 있다.

276년이나 된 고택의 정갈함은 그 시대의 건축물들이 얼마나 견고하게 잘 건축되어 있는지를 알 수 있다. 표암 강세황의 선생의 그림과 똑같은 곳에서 재현이 되는 시간 속에서 느낄 수 있었다. 들창문과 삐걱대는 대문과 방문을 열 때마다 나는 소리는 옛 선비들이 말씀하는 소리 같이 들리기도 했다.

청문당 뒤쪽으로는 고속도로가 있어서 차들이 지나가는 소리가 들린다. 고속도로 밑 고택의 대청마루 창을 모두 열어 놓고 앉아서 뒤쪽 화단을 올려다보면 여름꽃 노란 나리꽃이 고택과 너무나 잘 어울리게 피어 있다. 고택 울타리 너머에는 사과 농장이 있다. 키가 크지 않은 나무에는 사과를 주렁주렁 달고 줄 맞추어 서 있다.

고택과 나이가 같은데도 푸른 열매를 잔뜩 품고 있는 모과나무가 깊숙이 땅에 뿌리를 내리고 둑방 위 언덕에 엄숙하고 근엄한 모양으로 굳건하게 서 있다. 보는 이들에게 무언의 250년 된 수령임을 알게 한다.

당시에도 초복쯤 선비들이 모여서 더운 여름을 건강하게 보내기 위해 몸보신도 하면서 그 시절의 아집문화(雅集文化)를 즐겼다고 한다. 즉 지식인들의 모임으로 시를 짓고 학문을 논하고 바둑을 두고 거문고를 타고 그림을 그리고 차를 마시고 술을 음미하며 꽃을 즐기는 등 풍류를 곁들여진 다양한 이벤트가 왕성하게 진행되었다고 한다. 이를 통해서 사회적인 관계를 설정하고 자신의 정체성을 확인하는 사교모임의 성격도 가졌었다고 한다.

현정승집도 배경의 재현을 통해서 조선시대 선비들의 품격 있는 문화를 즐겼음을 볼 수 있었다. 어린이부터 중장년 노인에 이르기까지 모두가 한자리에 모여서 주거니 받거니 하는 전 세대가 함께 아집문화 속에 담아내는 내용은 격조 있는 소통의 장이 되었다는 것을 볼 수 있었다.

청문당에는 만권에 달하는 수많은 서적이 있어 당시 선비들의 학문과 예술을 나누는 교류의 장소였으며 안산에서 가장 오래된 전통가옥으로 현재 경기도 문화재 제94호로 지정되어 있다.

홍매화

우리 도시는 어느 도시보다 공원 잘 조성되어 있다. 그 공원 안에는 봄이 막 시작할 무렵이 되면 바람이 쌀쌀하고 눈발이 떠나질 못하고 눈이 내리고 모진 바람이 불어도 연약하고 가녀린 꽃잎은 온통 붉디붉은 멍울로 나뭇가지를 휘감아 양지바른 곳에서부터 꽃잎을 피운다. 도시에서 보기 드문 홍매화가 터미널 근처 공원에 매년 떠나길 싫어하는 겨울을 쫓아내고 먼저 봄을 맞이하여 전해 준다.

봄의 전령치고는 너무나 화려하여 눈길을 떼지 못한다. 홍매화 나무가 있는 곳에는 일부러 찾아가서 보아야 한다. 아니면 차를 타고 상록수 쪽에서는 중앙로 쪽으로 좌회전하다 잠깐 마주칠 수 있고 산업도로에서 중앙로 쪽으로 직진하다 터미널 부근에 작은 오솔길 따라 길게 만들어진 작은 공원 오른쪽으로 눈길을 돌리면 잠깐 그 화려하고 고고한 자태를 겨울의 끝자락에서 버석한 마른풀과 나무 사이에서 찾아볼 수 있다. 어떤 이유로 그곳에 홍매화 4남매가 자리를 잡고 뿌리를 내리고 자라서 봄의 화려한 서문을 열고 있는지 궁금할 정도이다.

마른풀과 앙상한 가지를 가진 나무들이 늘어선 곳에 붉게 물들인 나무가 홍매화라고 생각할 수도 있고 못 할 수도 있는 나무가 있다. 차를 정차하고 확인하기에도 적당하지 않은 곳에 홍매화는 피어 있다. 이 홍매화를 시작으로 산수유나무들이 마른나무들 사이 여기저기에 노란 가지를 뻗어 봄바람을 가지에 올려놓아 춤을 추게 한다.

옛날 선비들 유독 매화를 많이 그렸다. 설중매라고 해서 눈 속에 핀 홍매화 그림이 생활 속에 많았다. 병풍이나 액자 등에 수를 놓거나 잘 그려진 그림을 넣어 소품으로 쓰기도 한다.

홍매화의 꽃말은 고결, 정조, 인내라고 한다. 문인화에는 특히 홍매화를 많이 그린다.

우선 화선지에 홍매화 나무에 연지색의 물감으로 생명을 불어넣어 꽃잎을 한 잎 두 잎 붙여서 그려 넣으면 실제의 홍매화보다 더 보기 좋은 것 같다.

홍매화를 시작으로 청매화가 피고 산수유가 피어 칙칙했던 도시가 길어지는 햇살과 함께 환해지고 있다. 우리 도시는 그 어느 도시보다 꽃나무가 참 많이 심어져서 봄 꽃놀이를 다른 도시 어느 곳으로 찾아가지 않아도 된다. 시작했다 따듯한 양지에 있는 목련꽃이 도시 여기저기서 우아한 자태를 뽐낼 것이다. 개나리꽃과 진달래꽃 그리고 곧이어 온통 화사함으로 우리 시민들의 마음을 지난겨울의 여러모로 칙칙했던 생활을 위로 하듯이 온 도시를 휘감아 필 벚꽃봉우리가 하루가 다르게 커지고 있다. 도시의 동서남북 어디를 가도 흰빛 분홍의 벚꽃은 우리 도시의 행복이고 기쁨이다.

이제 마스크도 벗었다. 흰빛 분홍 벚꽃의 섬세한 꽃향기를 공기와 함께 눈코 입귀를 통해서 이 봄, 마음껏 취해보는 것도 좋을 것 같다. 우리 도시에는 정말 봄에 피는 꽃들이 많이 있다. 꽃들이 자기가 필 차례가 아닌데도 요즘 우리만 바쁜 게 아닌가 싶을 정도로 봄꽃들도 한꺼번에 꽃마다 얼굴을 내민다. 다 보아야 1년 뒤에 또 볼 수 있는데 때론 하루 이틀 미루다 봄꽃을 다 못 보고 봄을 보내는 때도 있다.

올해는 윤달이 음력으로 2월에 있다 하여 봄이 다른 해에 비해 우리 곁에 일찍 찾아왔다. 윤달이 들어 있는 달은 예부터 조상의 묘 이장도 많이 했다. 올해는 묘 이장을 해도 다른 해의 윤달보다 더 좋을 것 같다. 봄이 시작하려고 할 때 잔디(떼)를 새로운 묘에 입히면 잔디(떼)가 뿌리를 잘 내려서 풍성한 잔디(떼)가 입혀진 묘가 될 것 같다.

우리 도시의 봄꽃 이야기만으로 이렇게 글을 쓸 수 있다는 게 참 기쁘고 행복하다. 홍매화는 터미널 부근 공원에 피었다 지고 있지만 관공서나 양지바른 공원에 지금 청매화 나무에 흰 꽃이 피어서 옅은 향기로움을 바람결에 날리고 있다.

3년 만에 마스크를 벗고 봄을 맞이하는 마음으로 잠깐의 여유로움으로 차 한 잔 들고 주변에 가까운 공원에 가 보면 좋을 것 같다. 봄날은 분초의 시간마다 자연의 많은 생명이 꿈틀대며 얼굴을 내밀고 있다. 그들을 마음껏 환영하면 우리의 마음도 행복해질 것이다.

금계국과 양귀비꽃

진초록으로 물든 우리 주변은 그 싱그러움이 한껏 빛나고 있다. 싱그러움을 더할 양으로 햇볕은 정말 따갑다. 따가운 햇볕 사이로 설렁설렁 불어오는 바람결에 조금은 견딜 만하다. 아직은 유월인데 올해가 더 덥다고 느껴지는 것 같다.

하지가 이번 주중에 들어 있다. 지방을 가려고 버스를 타고 가다 보면 고속도로 주변이 온통 황금색 꽃으로 물들어 있다. 진초록에 여린 황금색 꽃이 이리저리 바람결에 나부끼는 것을 차창 밖을 통하여 보면 서로가 보색 관계는 아니지만 예쁜 진초록색에 잘 어울린다.

그런데 언제부터 이 노란 꽃이 전국 고속도로 주변과 크고 작은 그러니까 무엇인가 있어야 할 곳 같은 곳 그러니까 사찰 주변 공원 등 가리지 않고 황금색 꽃이 무리 지어 군락을 이루어 피어 있다. 자생 꽃은 아니다. 누군가는 씨앗을 뿌려 놓았기에 피었다고 생각이 된다.

궁금하여 꽃 이름을 알고자 네이버의 힘을 빌려 알아보았다. 금계국이라는 꽃이다. 코스모스 같기도 하고 작은 해바라기 같기도 한 꽃의 모양이 여러 가지다. 인터넷에 찾아보니 북아메리카가 원산지라고 한다. 원예식물로 한해 또는 두해살이풀이라고 한다. 꽃은 6월~8월까지 핀다고 한다. 씨앗은 8월~10월경에 맺는다고 한다. 금계국은 꽃잎이 닭의 금빛 깃털을 닮았다 하여 금계국이라고 명명되었다고 한다.

꽃의 생김새가 우리나라 사람들이 많이 좋아한다는 코스모스를 닮아 있어서 더욱 친근감이 간다. 꽃이 한대 궁 피어 있으면 그리 눈길이 안가지만 무리 지어 군락으로 피어 있으니 정말 요즘 더워지는 날씨 노란색이 화사하게 청량감을 준다. 얼마 전까지는 골프장 안에 많이 피어 있었던 것 같다. 많은 사람이 보고 감상할 수 있게 고속도로 주변에 군락으로 핀 금계국은 망초꽃과도 잘 어울린다. 망초꽃이 흰색으로 군락으로 핀 곳에 금계국이 함께 군락으로 피어 있으니 그 청량감이 눈의 피로를 잊게 해준다. 그래서 꽃말처럼 꽃을 바라보면 항상 즐거울 수밖에 없다.

소설 속에 자주 등장했던 양귀비꽃도 요즘 웬만한 공원에 가면 군락으로 피어 있다. 관상용 양귀비 꽃잎의 화려하고 요염한 색깔 앞에는 모두가 마음을 빼앗겨 버린다. 꽃의 모양이 잘생긴 것도 아닌데 꽃잎의 색이 하도 요염하고 화려하여 너무나 예쁘고 아름다워서 양귀비꽃이라 명명이 되었던 것 같다. 양귀비의 뜻은 (papaver somnierum)한자는 洋(양) 貴(귀) 妃(비) 고귀한 여자를 의미한다고 한다. 일명 개양귀비꽃이라고도 불린다.

여기서 선조들은 쓸모 있는 것과 쓸모없는 것을 아주 간단명료하게 정리를 했다. 일단 쓸모 있는 것은 참을 붙이고 쓸모없는 것은 개자를 붙여서 기준을 두었다는 것을 알 수 있다.

개살구. 개복숭아. 등을 예로 들 수 있다. 요즘은 개자가 붙어 있는 것이 더 쓸모 있다고 여기고 있다. 개복숭아 효소 개살구 효소와 씨앗 등이 미백하는 데 쓰임을 받고 있다.

예전에 개자가 붙여진 과일이나 꽃들이 쓸모가 없었으나 그 성분을 분석하여 요즘은 너무나 쓸모가 많아져서 귀하게 대접받고 있다. 한창 매실청을 담글 때이라고 하여 개복숭아와 개살구를 많이들 청으로 담그고 있다. 개복숭아와 개살구 구하기가 어렵다고 한다. 세월이 흘러 이처럼 개자가 있는 열매가 쓸모가 있어졌다.

TV와 신문을 보기도 싫다. 보기도 읽기도 싫은 내용은 대문자 만하게 해드라인으로 쓰여 있다. 나라를 이끄는 사람들이 하는 일이 아니라 짓들은 정말 무어라 말로 표현하기조차 싫다. 좀 먹고살 만하니까 자기들의 이익만을 추구하는 사람들 정말 어이없는 집단들 같다.

개자 붙은 양귀비꽃의 꽃말은 위안과 망각이라고 한다. 이제는 관상용 양귀비꽃이라 부른다.

날씨가 많이 더워지기 시작하는데 주변에 피어 있는 금계국꽃이나 양귀비꽃을 보면서 꽃말처럼 우리는 때론 잊어버려 위로받고 항상 즐겁게 살아야 할 것 같다.

우동

산 너머 남촌에는 누가 살길래/해마다 봄바람이 남으로 오네/꽃피는 사월이면 진달래 향기/밀 익는 오월이면 보리내음새. -중략-

김동완 곡 박재란 가수가 1965년도에 노래 불러서 인기를 끌었던 대중가요다.

대중가요 가사에도 언급될 만큼 우리나라에서도 대략 60년 전쯤에는 보리와 밀 농사가 많았던 것 같다. 그런데 우리나라에서는 보리밭은 조금은 볼 수가 있는데 밀밭 찾기가 어려워서 밀 익어 가는 것은 보기 어렵다.

예전에는 농사를 짓는 집집마다 밀 농사가 있어서 여름 장마가 지기 전 국수를 공장에서 많이들 뽑아 놓았다. 한여름 먹을 양식이었다. 국수색이 요즘처럼 하얀 흰색이 아닌 누런색의 국수였다. 그때에는 밀 껍질을 다 벗기지 않고 국수를 뽑았다. 누런 국수 묶음은 신문지였다. 국수의 큰 묶음을 담는 상자는 다듬어지지 않은 깔끄러운 나무로 만든 사과 상자였다. 우리에게는 국수의 추억이 이렇게 잔상으로 남아있다.

일본 여행 중에 목격한 밀밭에는 밀이 익어서 누렇게 경작된 것을 볼 수 있었다. 밀밭의 크기가 엄청난 규모였다. 어려서 보았던 그 밀밭이 일본에서 볼 수 있다는 것이 새로웠다. 보리와 밀을 구분하기가 쉽지 않다. 자세히 보면 보리는 수염이 길고 날카롭다. 상대적으로 밀 수염은 일정하게 길지 않고 보드랍게 보인다.

우리가 주식으로 먹었던 국수 종류는 발전이 없는 것 같다. 빵으로는 발전되어 빵 종류는 헤아리기 쉽지 않을 정도이다. 우리는 밀가루가 귀했던지 주로 마른국수와 칼국수 또는 만두피를 만들거나 찐빵 등 많았었던 것 같다. 반면에 이웃 나라 일본에서는 여러 종류 국수로 여전히 발전되어 그 명맥을 이어 명성이 자자한 일본의 대표 음식으로 단단하게 뿌리 내리고 있다.

우리는 우동 하면 여러 종류가 있지만 기차 타고 가다가 역에서 먹는 우동은 별미였다 기차가 잠깐 정차한 시간 안에 먹어야 해서 멀건 간장 국물에 퉁퉁 불은 굵은 국수에 파와 고춧가루 좀 넣어서 빨리 먹어야 했다. 하지만 시간이 지나도 그 맛있었다는 생각이 드는 것은 어떤 이유인지는 모르겠다. 지금 생각하면 정말 맛이라고 하기에 턱없이 모자라는 맛이었기 때문이다.

일본 우동학교라는 곳에서 체험을 해보니 우리나라 칼국수 만드는 것하고 비슷했다. 밀가루 반죽해서 잘 치대거나 발로 꾹꾹 밟아서 밀가루에 수분이 골고루 퍼지게 하여 밀대로 밀어서 칼로 썰어서 말리거나 생면 그대로 삶아서 물에 헹구어 소스를 만들어서 찍어 먹는 무사시노 우동(도쿄)과 사누키 우동(가가와현) 쫄깃한 면발이 특징, 가케우동(오사카)부드럽고 담백한 국물 등이 있다고 한다. 이 외에도 지방마다 특징이 있는 우동이 많이 있다고 한다.

우동은 일본식 한자어로 우리나라에는 한자어 표기가 없다. 우동은 일본에서 유래한 음식이기 때문이다. 그래서 그대로 우동이라고 우리는 사용한다. 일본의 에도시대에 서민들의 음식으로 많이 발전되어서 지역별 우동이 등장했다고 한다. 중국 송나라에서 밀가루면 요리가 전해지면서 승려들이 불교와 함께 일본에 전해져 지금에 이르렀다고 한다. 일본에서 우동은 지역특산물로 세계 각국에도 진출하여 일본 음식 문화의 대표 아이템 중 하나로 자리를 잡았다고 할 수 있다. 오랜 세월 동안 일본 고유의 조리법과 식문화에 따라 일본만의 우동으로 발전했다고 볼 수 있다.

우리나라의 칼국수도 지역별로 특징을 살려서 상품화되면 좋을 것 같다. 요즘 K문화와 함께 K푸드가 세계 각국에서도 주목받고 있다. 우리가 조금만 눈여겨보고 관심을 가지면 안 될 것이 없다는 생각이 든다. 우리의 것은 정말로 모든 것이 최고이며 제일이다. 발전을 시켜야 한다. 우리가 어려웠던 시절에 먹었던 것은 지금 보면 모든 것이 보약이며 보양식이었다. 국물이 있는 국수에도 관심을 가져보면 좋겠다.

가로수 나뭇잎의 윤기

일본은 약 2시간 30분 정도면 갈 수 있다. 여행하고 돌아와도 시차 문제 등으로 일상으로의 복귀에 어려움이 전혀 없다. 제주도보다는 조금 더 멀다. 실제 가보면 문화의 차이가 크게 나서 생각보다는 깜짝 놀라운 시간을 보내고 왔다는 느낌이 든다.

도시가 참 깨끗하다는 것이 눈에 띄게 보인다. 그리고 거리에는 나무들이 풍성하게 심겨 있는데 나뭇잎들이 윤기가 나도록 깨끗하다. 나무 아래는 획일적이지는 안치만 작은 화단에는 각종 꽃나무가 심겨 있다. 꽃나무들도 낯설지 않은 이름을 알 수 있는 꽃들로 심어져 있다. 건물과 건물 틈 사이에도 나무는 심어져서 꽃을 피우고 나뭇잎을 피운다.

큰 도시임에도 승용차들도 복잡하게 많이 다니지 않고 승용차들도 대부분이 자국의 차들이고 대형보다는 소형차들이 질서를 잘 지키고 운행되고 있음도 눈에 보인다. 우리 도시에서도 흔히 볼 수 있는 독일의 유명한 차는 어쩌다 찾아볼 수 있다. 그 많은 사람들이 어디에서 무엇으로 움직이고 있나 했더니 지하철을 이용하여 동서남북으로 움직인다고 했다. 자전거도 많이들 이용한다. 길은 언덕이 거의 없는 편이어서 자전거를 주부들이 많이 이용한다. 겨울철에도 아무런 문제가 없다고 한다.

먹는 음식도 우리와는 사뭇 많이 다르다. 우리의 밥상은 반찬이 여러 개 있고 밥과 국 아니면 찌개라도 있는 것이 기본이다. 보통의 우리는 반찬을 넉넉하게 접시에 담는다. 그래야 된다고 알고 있고 늘 그렇게 하고 있다. 하지만 일본에서의 밥상은 정말 이렇게 먹고 끼니를 채웠다고 할 수 있나 할 정도로 반찬의 양은 정말 소량으로 차려진다.

그래서 잔반이 없는 것이 특징이다. 쓰레기를 일반쓰레기와 음식물쓰레기를 함께 버린다고 한다. 음식물쓰레기가 거의 안 나오기 때문이라고 한다. 일상생활에서 기본적인 것부터가 생각하는 차이가 큰 것 같다. 오래도록 습관화된 식생활의 문화차이인 것 같다.

전기 문제도 한번 생각해 봐야 할 것 같다. 일본 여행을 가게 되면 일명 돼지 코라고 하는 플러그를 가지고 가서 전기를 변환하여 사용한다. 오후 7시가 되면 상점들은 하나둘 셔터가 내려지고 도시는 조용한 밤이 된다. 상점들이 문을 닫으니, 도시의 화려한 불빛은 찾기가 어렵다.

일본 사람들은 그들만의 자존감이라고 할지 무엇인지 알 수는 없지만 대단한 자부심으로 똘똘 뭉쳐져 있다. 외적으로는 친절하고 절도가 있다. 그러나 그 속내를 쉽게 알 수 없는 것도 사실이다.

일본은 서양 문화를 일찍이 받아들여서 그들의 정신 속에는 서양 문화가 녹아들어져 져 있어서 그렇다고 어느 책에서는 이야기하고 있다. 외모는 동양이지만 그들의 문화는 서양의 문화와 정신이 받아 들어져 그들만의 정신과 문화로 자리 잡고 전해지고 있다고 했다.

전 세계가 K-컬처에 빠져 있다. 그중에서도 K팝은 10대, 20대가 주를 이룬다. 우리나라 아이돌이 처음으로 시작하는 외국무대가 대부분 일본에서 이루어지고 일본에서 성공한 아이돌은 성공의 길에 들어선다고 한다. 성공을 하려는 우리나라 많은 아이돌들의 공연을 그들은 공감하여 들어주고 응원해 준다.

비행기로 2시간30분정도의 거리에 있는 일본은 미세먼지도 없다. 우리나라가 미세먼지를 다 막아주어서일까, 하는 농담도 하지만 하늘은 청명 그 자체이다. 미세먼지가 없으니, 나뭇잎도 윤기가 나도록 깨끗하고 도시는 더 깨끗하다고 느껴지는 게 당연하다고 생각된다.

MZ세대들이 즐겨 먹는 약과 藥果

2월에 접어들면서 입춘과 정월대보름이 하루 차이로 절기와 명절이 들어 있었다. 유난히도 올겨울은 매서운 추위가 왔다. 기후 위기로 일어나는 일들이다. 미국 어느 주에서는 눈이 너무 많이 내려 차가 오도 가도 못해서 눈 속에 묻혀서 사람이 사망하는 지경까지 이르렀다고 뉴스로 보도가 되기도 했다.

요즘은 추워도 바로바로 따뜻하게 추위를 녹일 수 있는 여러 환경이 준비되어 있다. 손난로라고 해서 흔들어서 주머니에 넣고 손을 따뜻하게 할 수 있는 일명 손난로가 있다. 그뿐만 아니다. 오리털이나 솜을 넣어서 만든 패딩이라는 겉옷이 있다. 이 패딩을 입으면 웬만한 추위는 견딜만하다.

이런 이야기를 하면 라떼라고 할 수도 있다. 멀지 않았던 때에는 정말 눈이 많이 오거나 추우면 추위를 녹일 수 있는 방법이 별로 없었다는 생각이 든다. 털실로 만든 모자나 털실로 짠 장갑과 귀마개가 아마 겨울철 추위를 견디게 하는 보통 시민들의 필수품이었다고 생각이 든다.

그 세월이 흘러 요즘 할매 간식이라는 이름으로 옛날 과자들이 MZ세대들에게 뜨는 제품이라고 한다. 그 대표적인 약과가 요즘 그야말로 간식의 대세라고 한다. 약과는 기름에 튀기는 전통 과자라서 차례상 제사상에 올려졌다가 어른들이 하나씩 나누어주면 정말 귀하게 먹고는 했다.

기름 밀가루 꿀 등이 귀한 때에 만들어졌던 전통 과자라서 그런 것 같다. 식용유가 얼마나 귀했는지 아마 MZ세대들은 모를 것이다. 기름에 튀겨진 음식이 정말 귀한데 그것도 꿀을 넣어 반죽해서 만든 밀가루 과자이니 얼마나 그 시절에는 귀하고 귀했다는 것을 몰랐을 터인데 요즘 유독 주목을 받는 이유가 궁금하다.

MZ세대들의 부모들은 기름에 튀긴 전통 과자라서 MZ세대들에게 안 먹였다. 어떤 식용유에 튀겨서 만든 것인지 분명하지 않고 공장에서 대량으로 만들어져 시판되었기 때문이다.

그런데 요즘 들어 친환경 전통 과자를 만들어 내 인터넷에 홍보하는 것이 주목받게 된 이유 중의 하나일 것 같다. 친환경이면 요즘 세대들은 모두가 환호하며 먹고 입고한다. 그래서인지 어린이들 간식으로도 약과는 대세이다.

카페에서는 쑥으로 만든 음료가 또 주목받는다고 한다. 쑥으로 만든 음료는 요즘 세대들이 즐겨 먹는 차 종류에 할머님들께서 식구들을 위해 어려운 중에도 만들어 주시던 간식거리를 기억소환으로 홍보하여 쑥으로 된 여러 음료가 주목받고 있다는 것이 보도 되고 있다. 쌀이나 다른 곡식들을 뻥 튀겨서 만드는 과자가 있다. 쌀강정 콩강정 깨강정 등 우리가 명절 때가 되면 여러 가지가 부족하고 어렵지만 그런 가운데서도 늘 우리의 할머니 어머니들께서는 전통적인 간식거리를 잊지 않고 만들어 주셨다.

직접 만드는 데에는 손이 많이 간다. 그리고 만드는 재료와 도구들이 넉넉하지 않았다. 아무튼 이런저런 이유로 우리와 멀어졌었는데 이제라도 MZ세대들이 어디부터 시작되었는지는 자세히 알지는 못하나 주목을 받고 있다는 것이 정말 고맙고 고맙다는 생각이 든다.

MZ세대는 밀레니얼 Z세대 일반적으로 1981년부터 1996년도 사이에 출생한 사람으로 정의한다. Z세대는 밀레니엄 세대와 알파세대 사이에 있는 1990년대 중 후반과 2010년 초사이의 출생세대를 본다고 인구통계학적으로 이야기 한다고 한다. 그러니까 밀레니얼 세대는 최초의 글로벌 세대이자 인터넷 시대에 성장 한 첫 세대이기도 한다.

이 세대는 인터넷과 모바일 장치 및 소셜 미디어의 사용 증가와 친숙함을 특징을 가졌다고 하며 Z세대는 어릴 때부터 인터넷과 휴대용 디지털 기술에 접근하여 성장한 최초의 사회 세대로서 디지털에 원주민이라고 할 정도라고 한다.

MZ세대들에게 우리의 전통 과자를 찾게 하는 그 원인은 바로 인터넷과 모바일 휴대용 디지털에 능하다는 것에 초점을 두어 창안하여 홍보한 덕분이라고 여겨진다. 전통을 이어 간다는 것에 큰 의미도 있지만 우리의 전통 과자는 정말 맛과 멋이 있다는 것을 잊지 말아야 한다.

물결치는 흰 꽃

살랑살랑 불어오는 5월 바람 따라 시선을 두면 갓 핀 초록색 잎과 잘 어우러져 흰 꽃들이 파도를 타듯이 일렁거리고 있다. 이팝나무꽃이 가로수로 심어져서 그 꽃이 만개하여 길가에서 환하다 못해 흰빛의 축복으로 시민들의 마음속에 다가간다. 얕은 산자락에는 아카시아꽃이 만개하여 이팝나무꽃과도 함께 파도를 탄다.

밤공기가 좋은 날은 인근 야산에 핀 아카시아꽃 향이 이따금 훈풍에 밀려서 코끝에 와 닿기도 한다.

이팝나무의 이름은 입하立夏와 이밥(쌀밥)에서 유래됐다. 입하 무렵에 꽃이 핀다고 해서 입하나무가 '입팝나무'로 불리게 됐다는 설도 있고, 이팝나무에 흰 꽃이 만발하면 농사가 잘 돼 이밥 같은 쌀밥을 먹게 된다고 해서 이밥나무로 부르다가 이팝나무로 부르게 됐다는 설도 있다.

꽃 모양이 흰쌀밥알 같이 생겨 나뭇가지에 풍성하게 수북수북 피어서 무엇보다도 계절인 탓도 있지만 흰쌀밥알 꽃으로 시야를 가득이 채우는 것만으로도 배부르고 가슴이 따뜻하다. 요즘은 선호하지 않는 아카시아 꽃도 논에 모를 내기 시작 할 때 피어서 그 향으로 힘든 농부들의 허리를 펴서 땀을 씻게 해주었다.

코로나-19가 완화되어 요즘 근 2년이 넘도록 마스크를 착용하고서도 여행을 못 다녔던 봄꽃놀이를 어디고 다 간다. 멀리 차를 타고 가 봐도 별거 없다. 우리 도시만큼 꽃이 많이 피고 숲이 잘되어 있는 도시는 드물다. 요즘 도시마다 둘레 길을 많이들 만들어 관광객을 유치하고 있는 군소도시들이 많다. 가봐야 비슷비슷하다. 우리 도시는 일삼아 가지 않더라도 차를 이용한다든지 아니면 자전거 또는 걸어서도 우리 도시 동서남북을 길 따라다녀 보면 참 아름다운 도시에 살고 있음을 뿌듯하게 느낄 수 있다.

5월은 각종 가정 행사가 많이 들어 있어 청장년 세대들이 약간은 경제적으로 부담될 수도 있다. 하지만 1년에 한 번이니까 평소 씀씀이를 조금 줄이고 이 좋은 계절에 바쁘게 생활하다 보니 생각은 있어도 미처 챙기지 못하고 소원했던 친척 등과도 문안하고 소통할 수 있는 기억에 남을 만한 좋은 시간이다.

생동하는 계절이 무르익고 논에는 모내기가 다되어 가녀린 모댓가 줄지어 바람길을 터놓았을 때쯤이면 우리는 우리 도시를 잘 살펴 경영하여 우리들의 삶이 윤택하여 행복한 도시에 살고 있음을 피부로 느낄 수 있게 해줄 지도자를 선택해야 한다.

안산시는 우리들의 고향이다 고향인 우리 도시 안산을 4년 동안 잘 이끌어 번영시켜 이 아름다운 도시를 잘 이끌 사람을 선택해야 하고 견제해야 할 사람들도 잘 선택해야 한다. 어느 후보가 우리 시민들을 위해 정말 정성스러운 마음가짐으로 시민을 대표하여 그 역할을 할 것인가를 우리 시민들의 한 표를 고민하고 고민하여 선택해야 할 것이다. 향후 4년이 우리 도시 향방을 가름할 것이라는 생각으로 선택해야 함을 우리는 꼭 기억하고 실행해야 할 것이다.

PART Ⅲ_ 살다보면 알게 되는 것들

재미있는 한자어 와이로 蛙利鷺

요즘 항간에는 돈 봉투라는 이야기로 국회의원들끼리 주고받았다 해서 언론매체에서도 떠들 썩 하다. 또 얼마 전까지만 해도 학부모들의 돈 봉투 그야말로 촌지로 불리는 사건으로 한바탕 그 세월에 떠들썩하게 했다.

아직 뉴스를 접하지 않아서 국회의원들의 돈 봉투 사건은 국회에서 어떻게 표결되었는지 확인은 못 했다. 돈 봉투 사건이야 위에서 말한 것처럼 우리 주변에서 사건·사고에 연루되어 예로부터 떳떳하지 않고 부끄럽고 깨끗하지 않은 봉투로 여겨 왔다. 정당하지 않은 일에 정당한 것처럼 봐달라고 부탁하는 봉투이다. 한데 봉투는 그야말로 깨끗하다 왜냐하면 흰색이니까.

예전에는 부잣집 상가에 가면 누런 봉투에 멀리서 왔다 간다고 고마움의 표시로 교통비라고 하면서 적당한 액수의 금액을 상주가 건네주었다. 이렇게 고마움의 표시로 쓰인 봉투는 누런색의 봉투였다.

흰 봉투 깨끗하지만, 안에는 들어 있는 와이로 라고 하는 돈이 들어 있기 때문이다. 와이로가 일본어라고 해서 요즘은 와이로 라 잘 쓰지 않고 돈 봉투라고 한다. 와이로가 떳떳하지 못한 부정한 행위에 쓰이는 말이다. 한자어 와이로의 어원은 어디부터 시작했는지 아직은 분명하지 않지만, 재미있는 한자어 와이로가 요즘의 정치인 이야기다. 일본어도 와이로賄賂(뇌물)가 있다.

고려 말 유명한 학자인 이규보李奎報 선생께서 과거에서 몇 번이고 낙방하고 초야에 묻혀 살 때 집 대문에 붙어 있던 글이다. 이야기는 이렇다. 의종 임금이 야간미행을 나갔다가 날이 저물어서 민가를 발견한 집이 이규보 선생 댁이었다. 하루를 묵자고 청했지만, 이규보 선생은 임금을 재워주지 않고 조금 더 내려가면 주막이 있으니, 주막으로 가라고 했다.

의종 임금은 하는 수 없이 주막으로 가려고 하다가 대문에 써 붙인 글이 "唯我無蛙人生之恨(유아무와인생지한)" '해석하면 나는 있는데 개구리가 없는 게 인생의 한이다'

임금이 주막으로 가면서 생각해 보았다. 도대체 개구리가 뭘까? 한 나라의 임금으로 어느 만큼의 지식을 있다고 생각했는데 도저히 개구리가 무엇을 뜻하는지 알 수가 없어서 주막집에 와서 임금은 국밥 한 그릇을 시키고 주모에게 물어보았다고 한다.

산속에 있는 외딴집에 관해서 물었더니 주모가 이야기했다. 과거에 몇 번이고 낙방하고 집 밖으로 안 나오고 집안에서만 책을 읽으면 살아간다고 했다. 임금은 궁금해서 다시 이규보의 집으로 가서 사정사정 끝에 하룻밤을 묵으면서 "唯我無蛙人生之恨(유아무와인생지한)"이란 글에 대해서 들었다고 한다.

내용인즉 노래 잘하는 꾀꼬리와 목소리가 안 좋은 까마귀가 노래 대결을 하자고 하였다고 한다. 누가 잘하는지는 백로가 심판을 보기로 했다고 한다. 3일 뒤에 대결하기로 하고 꾀꼬리는 노래 연습을 열심히 해서 당일 자신만만하게 꾀꼬리는 노래했고 목소리 안 좋은 까마귀도 노래했다고 한다.

한데 심판 결과는 까마귀가 이겼다고 한다. 꾀꼬리는 열심히 노래 연습을 했고 목소리 안 좋은 까마귀는 그 3일 동안 개구리를 열심히 잡아서 심판 백로에게 개구리를 상납하여 어이없게도 까마귀가 대결에서 이겼다고 한다.

와蛙 개구리와 이利 이로울 이로鷺 해오라기로(백로로) 여기에서 생겨난 말이 와이로蛙利鷺이다. 부끄럽게도 고려 말 정치인들의 작태가 750여 년이 지난 지금도 돈 봉투란 말로 국민의 마음에 상처를 주고 스트레스를 주면서도 부끄러운 줄을 모르고 있다. 어떤 속사정과 내용이 있는지 모르겠지만 돈 봉투는 국민의 정서에 부합되지 않는다. 내년이 총선이다. 우리는 이런 사람들을 우리를 위해 수고해달라고 뽑아서는 안 된다고 본다.

보양식

습하고 햇볕이 따갑고 덥다. 하지만 더워야 과일과 곡식이 알맹이를 채우는 시기이니 우리가 가을의 풍성한 수확을 위하여 채 한 달도 안 되는 동안 더위를 견디면 곧 그 결과로 우리는 한 해를 풍성함으로 마무리할 수 있다.

삼복중에 시작인 초복이 오늘이다. 차길 중앙분리대 한쪽 화단에 군락으로 심어놓은 원추리 꽃이 뜨거운 햇살을 받으면서도 사이좋게 꼿꼿이 서서 지나치는 운전들에게 한여름의 시원함을 선사한다. 초복 보양식을 판매하는집이 맛이 좀 있다고 하는 삼계탕집은 예약이 안 된다. 예약을 안 받아도 찾아오는 사람들이 넘치기 때문이다.

삼계탕값이 방송에서도 언급이 되었다. 요즘 값이 제일 많이 올랐다고 하는 삼계탕용 닭 크기는 한마리당 원가는 이천 원도 안 한다고 한다. 단지 가격이 오르게 된 까닭은 인건비와 부재료의 값이 많이 올라서 어쩔

수 없다고 한다.

뜨거운 용기를 다루는 직원을 채용하기가 정말 어렵다고 한다. 실내에는 에어컨으로 시원한 환경이기는 하나 뜨겁고 무거운 삼계탕 그릇을 나르는 과정에서는 요령도 필요하지만, 숙련된 직원이 있어야 하므로 조건상 맛난 삼계탕의 값이 비쌀 수밖에 없다고 한다.

요즘 대세로 떠오르는 대체 보양식이 또 하나 있다. 염소로 보양식을 만드는 가게가 오늘 같은 날 문전성시를 이룬다. 염소요리는 대중적이지는 않았지만, 이제는 제대로 대접받는 보양식의 자리에 들어서고 있다.

염소 고기가 몸에는 좋은 줄 모두 알고 있으나 염소의 독특한 냄새로 호불호가 있다. 하지만 요즘엔 특유의 냄새를 모두 저거하고 일반 소고기와 비슷하게 육질이 보여서 탕이나 수육으로 오늘 같은 복날 없어서 못 판다고 한다.

염소는 보통 한약재를 많이 넣어서 보약용으로 한의원이나 건강원을 통해서 먹었다. 하지만 이제 식육으로서의 가치를 인정받고 많은 사람이 대체 보신용으로서의 역할을 하는 것 같다. 얼마 전까지는 염소를 여러 명이 한 마리를 구입해서 용도에 맞게 보약 또는 보양식으로 지금까지는 애호가층에서는 먹었다.

염소 고기가 보양식으로 대체가 된 것에는 많은 동물애호가로부터 지지를 받는다. 모두가 좋은 일인 것 같다. 동물애호가들의 지지를 받으면서도 보약용 또는 보양식으로서 그 몫이 충분하게 우리들의 건강을 책임져 줄만 하게 자리 잡기를 바란다. 또한 우리들의 인식이 변화된 것에도 박수를 보낸다.

또 빼놓을 수 없는 것이 있다. 바로 장어다. 염소와 장어는 이 시대에는 누구나가 다 먹을 수 있도록 그 수가 많다. 양식으로 길러진 장어가 있어서이다. 양식의 기술력은 대단하다 자연산과 비슷하다고 한다. 염소와 장어는 그 가격이 비싸서 그 옛날에는 서민들이 보양식으로 먹기에는 좀 거리가 있었다.

이제는 염소도 많고 장어도 많다. 건강에 좋다면 얼마든지 내게 알맞은 염소나 장어로 보약이든 보양식이든 먹을 수 있다. 장어도 너무나 많이 기름지기 때문에 또 생긴 모양 때문에 장어 또한 호불호가 있다.

하지만 우리 모두에게 건강 지킴이에는 너무나 좋은 음식 재료다. 어떤 방법이든 섭취하게 되면 이 더운 여름을 건강하게 지내고 가을을 맞이할 수 있다. 우리가 모두 삼복더위를 여름 과일과 보양식 많이 섭취하고 건강하게 잘 이기고 나서 바로 다가올 추석을 건강하게 맞이할 수 있기를 기대한다.

김치

아이들이 노는 놀이터에 가면 아직도 모기들이 날아다니고 있다. 덕분에 눈에 잘 보이지 않게 빠른 행동으로 모기를 쉽게 볼 수는 없었지만, 눈에 띄어 어린이들이 '모기다!' 하고 소리를 지를 정도이다. 그 맹랑한 모기의 침은 쓸모는 없지만 날씨의 따뜻함에 힘을 얻은 모기가 날아다니고 있다는 것이 날씨가 얼마나 따뜻한지를 알 수 있다.

입동이 지난 즈음에는 웬만한 가정에서는 김장을 시작한다. 올가을 추석 무렵 배추 한 포기에 12,000원을 하였다. 명절에는 무엇보다도 일찍 준비하는 것은 김치다. 추석 명절 전후로 배추 한 포기를 사야 하나 말아야하나 하고 많이들 망설였다. 그래도 오랜만에 모이는 식구들을 위해 평소보다 적은 양으로 김치를 담기도 했다.

요즘은 김장배추를 직접 구매해서 집에서 소금에 절구는 가정도 있지만 많이들 절임 배추를 주문하여 김장한다. 절임 배추를 주문하여 택배로 받아보면 오랜 단골 시골 농장에서 절여온 배추인데 잘 절여지지 않았고 배추는 시퍼런 잎이 많다. 그것은 가을에 비가 오지 않아서 배추에 속이 많이 들지 않아서 그렇다.

가을 채소들은 겨울을 준비하는 큰 먹거리인데 비가 필요한 시기에 내려 주어야 가을 농작물이 풍성해져서 넉넉한 겨울 준비를 할 수 있다. 농가들도 가을채소 재배가 풍성하게 잘 되어 출하하게 되면 수입도 넉넉해진다. '광에서 인심 난다'라고 하는 옛 어른들의 말씀이 있듯이 많아야 서로 주고받고 하는 넉넉함이 있는데 배춧값이 가을에 폭등한 여파로 지금까지 풍성했던 우리의 김장 문화는 주춤하는 것 같다.

음식은 같은 재료를 사용해서 똑같이 만들어도 그 맛이 서로 다르기 때문에 김치는 서로서로 나누고 그 맛을 자랑하며 이웃을 생각하며 나누는 따듯한 우리의 전통문화가 되었는데 비싸진 배춧값과 감염병 이후 나눔의 문화도 많은 변화가 있는 것 같다.

언제부터인지 김장을 집집마다 하는 것은 아니다. 다른 것도 마찬가지이지만 전문화된 곳에서 전문가들이 만들어 낸 김치도 필요 할 때마다 구입하여 먹어도 된다. 익은 김치 익지 않은 김치 등 세분화 되어 마켓 김치 코너에 가서 보면 구입하고자 하는 김치들이 종류별로 잘 진열되어 판매되고 있다. 매년 김장을 잘 담그던 가정들도 김장에 들어가는 재료들을 준비하여 김치를 담그는 시간까지를 계산해 보면 구입하여 먹는 편이 더 경제적일 수도 있다는 생각을 가질 수 있다.

국산 김치를 잘 선택해서 구입하는 것이 관건이기는 하다. 국산 김치를 분별하여 잘 구입하여 먹는다면 모든 식재료의 가격이 높을 때는 현명한 소비자가 될 수도 있다. 요즘은 언제든지 필요로 하는 야채를 살 수가 있다. 하여 김장철이 조금 지나서라도 언제라도 우리 가정의 입맛을 살릴 수 있고 우리 집만의 비법을 살려 맛난 김치를 만들어 식구들의 건강을 챙길 수 있다.

외국인들이 우리나라에 여행 오면 제일 먼저 찾는 것이 김치라고 한다. 외국의 장수마을의 요구르트가 있다면 우리나라에는 김치가 있다. 우리가 살아가면서 문화는 정말 중요하다고 생각한다. 환경의 변화가 있어도 그 어떤 것 하고도 바꿀 수 없는 따뜻한 김장 나눔의 문화는 계속되어야 한다.

루틴 routine

루틴이라는 영어 단어를 많이들 일상생활에서 사용한다. 사전에는 정해놓은, 판에 박힌, 타성적인, 판에 박힌 수작 등으로 뜻이 나와 있다. 그리고 컴퓨터 프로그램의 일부로서 특정한 일을 실행하기 위한 일련의 명령이라는 뜻을 가지고 있다.

우리가 일상생활을 하다 보면 어떤 일을 실행하기에 앞서 각자마다 꼭 하는 행동이 있다. 물론 하지 않는 사람이 대다수이다. 하지만 전문적인 직업을 가진 사람 중에는 자기만의 루틴으로 그 어떤 중압감이나 외부로부터 가해지는 부담감에서 마음에 안정을 가지고 집중하는 것 같다.

운동선수들이 게임을 시작하기 전이나 게임을 하면서 각자의 루틴을 가지고 있는 것을 우리가 볼 수 있다. 그 예로 151회 디 오픈 챔피언십 골프대회가 영국의 잉글랜드 로열 리버풀 골프 클럽에서 7월 21일에서 7월 24일까지 4라운드의 대회를 치렀다.

대회에 일등을 한 골프선수는 미국 출신의 브라이언 하먼이라는 선수가 차지했다. 물론 상금의 액수는 우리가 생각도 못 해본 금액이다. 상금 이야기는 차지하고 이 하먼이라 선수가 골프공을 치기 전 하는 행동에 구경 나와 있던 많은 갤러리로부터 야유를 받았다. 1등의 소감을 묻는 자리에서 많은 야유에 오기가 발동되어 더 깊은 집중으로 1등을 했다고 인터뷰기사가 나오기도 했다.

하먼은 골프공을 치기 전 5번에서 6번 정도의 골프채를 자기 나름의 방법으로 흔들고 공을 치면 정확하게 공을 보내야 하는 장소로 공을 보낸다. 전 세계에서 참여한 선수들의 기량이 모두 각 나라에서는 대단한 고수들의 선수들인 것이다. 그럼에도 불구하고 그는 4일 동안 내내 자기만의 루틴을 하며 바람과 비와 야유를 다 견디고 이겨 내어 1등을 했다.

젊고 건장한 선수들과 함께 한 하먼은 서양인치고는 키가 크지 않다 170센티미터의 키를 가졌다고 한다. 평균 드라이버 평균 비거리가 282야드라고 한다. 대회에 참가한 156명 선수 가운데 126번째라고 하니 하먼이 골프선수로서는 좋은 조건이 안 되었다는 것을 알 수 있다.

중계를 보면 비거리가 많이 나가면 벙커에 빠지거나 뻣뻣한 풀숲에 빠진다. 하먼은 그런 실수가 이번 대회에서는 많이 있지 않았다. 18번의 드라이버를 루틴을 거쳐 공을 쳐서 필드에 올렸다. 홀 주변 그린에 공을 보내서 정확하게 퍼트를 했다. 그렇게 해서 13언더로 1등을 했다. 고수의 선수 2, 3등이 모두 4일 동안 7개의 버디를 할 수밖에 없는 골프장 환경 여건의 대회였다.

하먼의 루틴은 자기와의 싸움에서 마음을 안정시키고 자기 자신을 믿는 마음으로 4일간의 긴긴 게임을 해서 상금 금액이 어마어마한 것을 자기 몫으로 만들었다. 이처럼 주변에 보면 자기의 루틴을 가지고 있는 사람이 많다. 이야기하기 전 화장실을 다녀오는 루틴을 가진 사람, 이야기 도중 코를 만지는 사람, 이야기 시작 전 말을 더듬어 시작하는 사람 아니면 휴대폰을 열었다 닫았다가 하는 사람~~등 우리와 늘 함께하는 주변 사람들도 시작하기 전에 무엇인가 해야 마음이 편해서 본인도 모르게 하는 행동 즉 루틴이 있다. 또 연예인들도 루틴이 많다고들 한다. 가수들이 공연장에 들어설 때 어느 쪽 발이 먼저 공연장에 들여놓았느냐에 따라 긴장감을 안정시키고 실수 안하고 노래를 한다고 한다. 자신을 믿는 안정감으로 평소의 실력을 발휘하여 목표에 도달하려는 모든 루틴은 자기와의 대화를 잘하려는 약속의 행동이다.

이 골프대회에서 우리나라 김주형 선수가 2002년 6월생인데 공동 2위를 했다. 하먼의 루틴은 다들 알고 알게 해서 야유도 받았지만 1등을 했다. 그런데 김주형 선수의 루틴은 발견 못 했다. 중계방송에 잘 보여 지지 않아서인지는 모르겠지만 유난히 동글동글한 앳된 얼굴에 모자를 돌려 쓰고 집중하는 모습만이 너무나 귀엽고 장하다는 생각으로 점수 잃어버리지 않기를 많은 골프팬들이 두 손을 꼭 잡고 응원했을 것이다.

우리가 각자의 루틴으로 자기가 하고자 하는 일에 집중되고 견디고 이겨 내어 최종 하고자 하는 목표를 이룰 수 있다면 자기만의 마음의 안정을 가져다주는 루틴이 있는 것도 괜찮다고 여겨진다.

휴대폰

휴대폰 노트9을 6년 정도 사용한 것 같다. 며칠 전 휴대폰을 켜니 화면이 나오질 않았다 혹시나 충전이 안 되었나 해서 충전 여부를 보려고 해도 화면이 보이지를 않으니, 그것도 확인하기가 어려웠다.

연락할 일이 많은데 갑자기 휴대폰 화면이 안 보이니 순간 당황했다. 요즘은 웬만한 것은 휴대폰으로 소통하여 정리하고 결정짓는 일이 많다. 그뿐만 아니다. 휴대폰을 교체하지 않고 6년 동안을 사용했으니 휴대폰에 모든 것이 다 들어 있다고 할 수 있다. 물론 수첩을 병행해서 사용은 하고 있지만 일단 연락처를 하나도 모른다는 게 참 낭패스러웠다.

휴대폰이 고장 난 것인지를 파악하는 게 우선이었다. 아이들에게 휴대폰을 보여주고 고장 여부를 물으니 휴대폰 수명이 다되었다고 한다. 휴대폰이 갑자기 화면이 안 보일 줄은 정말 생각도 못 하고 있었다. 평상시엔 그저 안 잊어버리고 떨어뜨리지 않으면 그래도 조금은 오래 사용할 수 있다고 여기며 사용하고 있었다. 그렇다고 사용 중에 그 어떤 고장의 신호도 없었다. 약간 느려졌다고 생각되는 순간은 있었지만, 별문제 될 것 없다고 생각했다.

요즘은 휴대폰이 우리와 아주 밀접한 가운데 있다. 그저 남들도 가지고 있고 나도 가지고 있으니까, 별생각을 안 해본 것 같다. 하지만 철저하게 우리들의 사생활에 깊숙이 들어와 있다. 휴대폰이 없으면 아무것도 할 수 없다. 무엇을 해야 하는지부터가 순서가 잠깐이라도 정지되는 것 같다. 이번엔 다행히도 집에 아이들이 쓰다 둔 공 휴대폰이 있어서 그것을 들고 대리점에 가서 쓰던 휴대폰의 카톡부터 시작해서 필요로 해서 깔아두었던 앱을 모두 옮기는 작업을 약 1시간가량 했다.

사용하던 휴대폰에 있던 것을 새것에 옮기는 일은 쉽다. 기기들이 서로 주고받고 하면 되니까

옮긴 휴대폰에서 카톡 메시지 사진 인터넷과 각종 깔아둔 앱을 설치하고 열어서 사용하기까지는 짧지 않은 시간에 기기에서 시키는 것에 정확하게 터치하여 입력해야 한다. 기기는 아주 미세한 것에도 민감하게 반응하여야 하고자 했던 것은 온데간데없이 사라지고 엉뚱한 일이 벌어지기 때문이다.

인터넷이 많이 보급되기 전에 인터넷 한글파일에 많은 것을 작업해 놓고 깜빡하고 저장하지 않아서 한순간에 날아가 버린 일을 겪어본 사람들은 그 마음을 이해할 것이다. 다행히도 휴대폰은 그런 일은 없다 잘 안 되면 처음으로 돌아가서 다시 기기가 시키는 대로 터치하여 입력만 하면 기분 좋게 열어주어 사용할 수 있다.

휴대폰이 우리와 함께한 지 20년 전후 된 것 같은데 우리 국민성하고 잘 맞는 것 같다 대체로 성품이 급한 편한 속한 우리의 모습과 많이 닮아 있어서 많은 사랑을 받는 것 같다.

휴대폰으로 우리 생활에서 안 되는 것 빼고 모든 것을 해결한다. 요즘 자라나는 어린이들에게는 아주 중요하다. 이제 말문이 트인 아기도 휴대폰에는 관심이 많다. 그리고 휴대폰을 들고 '여보세요'와 그 고사리 같은 작은 엄지손가락으로 화면을 터치도 하고 밀기도 한다. 뭘 알아서 그럴까, 할 정로 신기한 생각도 든다. 초. 중고생들뿐만 아니라 성인들까지 휴대폰 속의 게임 때문에 많은 사회적 문제도 발생한다. 그것 또한 우리들의 몫이다. 이 모든 문제의 해결을 위해서는 세상 변화 속도에 뒤 처지 말고 부지런히 따라가야 할 것 같다.

매스컴에서는 AI를 이용하여 바둑을 두고 연예인을 흉내도 내고 노래도 하고 그림도 그리고 분석도 한다. 하여 각종 데이터를 오차 없이 낸다. 사람이 만든 기기에 보통 사람에 속한 우리들은 어쩌다 늘 쩔쩔매는 형편이다. 기기에 노예가 되지 않기 위해서는 우리들은 변화되는 세상을 멋지게 모든 면에서 건강하게 잘 살아야 할 것이다.

랜선 여행과 넷플릭스 영화

랜선이라는 말을 최근 들어 참 많이 사용한다. "랜선" 랜local Area Network. LAN의 줄임말로 원래는 컴퓨터나 인터넷을 연결하는 유선 네트워크 케이블을 의미한다고 한다.

랜선을 이용해서 요즘은 눈과 귀로 여행을 할 수 있는 많은 프로그램이 있다. 실제로 여행을 현지로 가지 않고 온라인 영상, 사진, VR, 블로그, SNS 등을 통해 여행지의 풍경과 문화 음식 등을 체험할 수 있다. 화면을 통해서 여행하는 기분을 느끼는 것이다. 실제로 비행기 타는 것이 부담스러운 사람들은 랜선 여행에 요즘 많은 관심을 가지고 즐기고 있다.

지구상에 가보고 싶은 곳은 다 가볼 수 있다. 여행은 되나 그곳에 공기를 막상 느끼지 못하니 눈 호강으로 끝날 것 같기도 한데 매력이 있다. 프랑스의 몽블랑의 설경을 우리나라 설악산 눈과 비교해 가며 감상해도 뺨에 부딪히는 찬 공기의 맛을 느끼지 못하는 아쉬움은 있지만 안방에서 세계에서 가장 유명한 명승지의 멋지고 아름다운 곳을 모두 가볼 수 있다는 게 큰 매력이다.

세계 여러 나라의 의식주에 해당하는 모든 것을 직접 체험하여 보여주는 것도 그 나라를 이해하는 데 많은 도움이 된다. 먹거리는 그 나라에서 제일 많이 생산되는 것을 먹기 시작해서 지금까지 발전 해온 역사를 알 수 있고 옷은 그 나라만의 계절이 가지고 있는 특유의 기온 때문에 만들어지고 집도 역시 마찬가지로 그곳에 살고 있는 사람들이 가장 자유롭고 행복할 수 있는 공간이 만들어져서 지금까지 이어져 온다는 것을 느낄 수 있다.

우리가 직접 여행을 간다면 특별한 곳에 한정되어 있어 그곳에서 볼거리를 충분하게 눈에 담으며 그들 문화가 우리와 다름에 감동한다. 그리고 음식을 먹어보고 만져보고 사진을 찍어오거나 물건을 구매해 올 수 있다는 것이 장점이기도 하지만 예를 들어 스페인의 파밀라 공원을 땅에서 보는 것과 드론을 띄워서 공중에서와 옆을 속속들이 볼 수 있는 것의 차이는 큰 것 같다. 직접 가본 곳을 랜선 여행에서 다시 본다면 금상첨화일 것 같다.

우리가 여름이면 휴가를 못 가는 형편이 되었을 땐 시원한 영화관에 식구 모두 출동하여 멋진 영화 한 편 감상하고 맛난 음식을 함께 먹는 것으로 여름휴가를 대체하던 때가 엊그제 같은데 이제는 집 거실이나 안방에서 최신 개봉 영화를 볼 수 있다. 개봉 영화를 보러 성남에 있는 영화관을 찾았던 것은 그새 예전이 되었다. 지금은 모두가 잊혀 가는 세월 속에 남아있는 잔상일 뿐이다.

이제는 최신 개봉 영화를 보려면 돈을 내고 스트리밍(넷플릭스, 티빙) 등에서 볼 수 있다. 돈을 내고 보더라도 번거롭지 않게 영화를 볼 수 있으니 편리하다. 세계적인 영화가 된 오징어게임을 시작으로 많은 우리나라 영화가 넷플릭스 영화로 개봉되어 영화를 즐기는 많은 사람이 이용하고 있다.

얼마 전까지 한참 유행했던 영화를 감상했다. "폭싹 속았수다"를 감상하였다. 오랜만에 1950년대 제주도를 배경으로 한 영화인데 제주도의 유채꽃밭과 해안가 민속 마을 등 제주풍경이 듬뿍 담긴 속에 그땐 그랬지라는 공감대가 형성되는 영화였다. 이 영화는 유튜브로 전해지고 전해져서 많은 사람이 감상했다. 그래서 한동안 재미있는 이야기로 '폭싹 속았수다'가 유행되기도 했다.

아무튼 랜선 여행을 하든지 넷플릭스 영화를 보든지 각자 취향대로 하고 음식도 각자 취향대로 배달로 집에서 먹으면서 각자 자신만의 개성을 한껏 살리는 이런 시간을 함께 나누는 문화가 확산하여 정착되는 새로운 문화가 탄생 되는 요즘이다.

랜선 여행과 넷플릭스 영화 모두 좋다. AI시대가 다가오고 있다는 것을 인지 하면서도 왠지 이런 단어들이 낯설다. 하지만 시대의 흐름 따라서 새로운 것에 관심을 가지고 함께 해야 하는 시대이다. 더 편하고 더 좋은 것으로 변해가는 문화를 잘 받아들이면 훌륭한 문화를 만드는 데 동참하는 것이다.

더위와 이산화탄소 CO2

드디어 음력 윤달이 8월 22일로 끝나고 8월 23일 음력 7월이 시작되었다. 양력으로 8월 15일경이면 예년에는 바닷물도 차가워져서 바닷가로 휴가 가는 것을 고려하기도 했다.

올여름 더위가 너무 길고 더운 날 더워도 너무 더워서 음력 양력을 따져보는 것이다.

계절의 변화를 보면 양력보다는 음력으로 계산된 계절이 우리나라의 날씨 변동 상황과 더 잘 맞는 것 같아서이다. 물론 기후 위기의 변화로 전 세계가 더위와 추위로 몸살을 앓고 있기 때문이다. 이번 여름에는 유럽의 여러 나라에 산불이 많이 나서 진화도 안 되고 잘 번져서 크게 우려하고 있는 것을 뉴스로 봤다.

양력은(태양력) 지구가 태양을 한 바퀴 도는 약 365일을 기준으로 한 달력을 우리는 모두 사용하며 전 세계가 공통으로 사용하고 있다. 반면 우리나라서 사용하는 음력은 달의 움직임을 기본으로 하되 태양의 절기(24절기)를 반영하여 계절변화와 농사와 잘 맞는 게 되어 있다고 한다. 또한 음력에는 윤달을 두어 계절과 잘 맞게 만들었다고 한다.

물론 음력으로 윤달이 6월에 들어서 그런 것은 아니다. 계절과 맞게 만들어져서 6월 무더위가 길었나 하는 위로를 가져보려는 것뿐이다. 지구상에 온난화 현상으로 빙하가 녹고 있고 또 과학적 근거로 이산화탄소가 증가하고 있으므로 예년에 겪어보지 못 해던 무더위와 싸움을 해야 하는 상황이 된 것이다. 이산화탄소가 증가하면 지구의 복사열이 우주로 빠져나가지 못해서 지구의 평균기온이 상승하여 기후 변화가 심해진다고 한다.

그래서 탄소중립을 해야 한다. 즉 우리의 활동으로 배출되는 이산화탄소와 흡수 제거되는 이산화탄소의 양을 같게 만들어 실질적 배출량을 '0'으로 만들자는 것이다. 그 방법으로는 에너지 효율 개선, 재생 에너지 사용, 친환경 교통수단을 활용하는 것이다. 우리는 주변에서 이런 단어는 많이 듣고 봐서 알기는 아는데 실천하기까지는 매우 느리다.

요즘 여름밤이면 하룻밤 10분간씩 집집마다 전기를 모두 끄는 행사를 한다. 참여율이 높아지고 있다. 전기에너지 사용량을 줄여서 탄소중립에 참여하자는 행사다. 전기자동차 수소자동차 등이 생산되어 사용하는 사람들이 많아지고는 있다고 한다. 그러나 여러 조건으로 미약하기 이를 데 없다. 우리가 생활하면서 직접적인 탄소중립에 참여하는 부분이다.

우리나라의 탄소 배출량이 에너지 부문에서 발생하는 온실가스는 76.2%에 달한다고 한다(2022년 기준) 또한 지난 100년 동안 0.5도 상승했다고 한다. 가정에서는 불필요한 조명기구 끄기 세탁기 사용 횟수 줄이기 가전제품 대기전력 차단하기 등 디지털기기 사용 시간 줄이고 TV 화면도 절전모드 밝기 낮게 하기와 고효율 가전제품 사용하기 등 에너지 효율 관리제도에 적극적으로 참여하면 내년 더위와 추위는 적당한 시기에 왔다가 갈 수 있다.

가장 실천하기 좋은 방법 냉방은 2도 높이고 난방은 2도 내리는 것부터 시작하여 우리가 일상생활에서 탄소중립에 목표를 두고 모두 함께 힘써서 실천하여 더위와 추위로부터 우리가 모두 자유로워지는 날을 기대하면 좋겠다.

말귀를 잘 알아듣는 사람

요즘 벚꽃이 하얗게 피어 온도시를 환하게 만들고 있다. 지난 3년간 전염병으로 우리가 모두 서로가 조심하느라고 마스크를 착용해도 꽃구경을 마음 놓고 못 했다. 그러던 중 올해는 유난히도 빠르게 다가온 봄 일기로 말로는 형용 안 될 만큼의 꽃들의 향연이 지난 주말부터 시작해서 모두가 행복한 날들을 보내고 있다.

미세먼지로 약간은 시야가 뿌옇게 되긴 해도 한 낮이 되면 미세먼지가 걷혀서 그야말로 장관을 이루는 꽃들의 잔치가 도시에 넘쳐난다. 봄꽃이 이른 꽃 늦은 꽃 모두가 동시에 피어서 도시의 동서남북 어디든 눈길을 돌려도 봄봄이다. 이렇게 축복받은 도시에 살고 있음을 우리는 정말 감사해야 한다.

카톡이나 메시지방에 모두가 봄꽃 한 컷으로도 선물을 많이 한다. 각자 가지고 있는 생각만큼의 꽃들을 여러 모양으로 찍어서 좋아하는 사람들에게 사진을 촬영한 사람의 마음만큼의 감동을 갖기를 바라며 전달한다.

같은 장소에서 같은 꽃을 찍더라도 모두가 다르다 사진을 촬영한 사람들의 꽃을 보는 순간 다 다른 감정으로 사진을 촬영하기 때문이다. 꽃뿐만 아니다. 인물사진을 촬영하더라도 그 위치가 같더라도 모두 다르다.

어느 장소에서 연인들이 서로 사진을 촬영해 주고 바로 촬영한 사진을 확인하면서 이런 말들을 한다. '영혼이 없는 사진'을 촬영했다고 한다. 서로 투정 섞인 말로 성의 없이 촬영했다고 할 수 있는 말이고 사진에 무슨 영혼이 들어가게 촬영하느냐고 할 수도 있지만 연인들은 그 말이 잘 소통되어야 한다고 생각된다.

서로가 좋은 것만 보이고 싶고 봐 주기를 원하는 연인이라서 그렇다. 연인들끼리 남성은 좀 더 남자다움이나 평소 여성에게는 자신 있는 모습을 그리고 여성은 예쁜 모습이나 자신이 남성에게 매력적인 모습을 보이고 싶어 하고 그 부분을 서로 알아주어서 사진으로도 확인하고 싶어 하는 마음일 것이다. 그런데 아직은 서로에게 많은 부분이 소통되지 않았다면 평소에 가지고 있는 자기만의 기준으로 사진을 촬영하게 되면 서로가 원하는 사진의 내용이 없어서 일 것이다.

서로 소통이 잘 되는 사이에는 말귀를 잘 알아듣는 사람들 일 것이다. 왜냐하면 서로 사진 촬영하기 전 서로가 무엇을 중점적으로 촬영해 달라고 요구했을 것이다. 그런데 집중을 안 해서 그 소리를 그냥 지나쳐서 일 것이다. 여성들은 대체로 키가 크게 나오게 찍어달라고 한다. 하지만 남성은 그 말을 그냥 지나치고 평소 여성에게 가지고 있던 생각을 담아서 촬영한다. 물론 여성도 마찬가지다 상대방 남성에 대한 평소의 생각을 담아서 촬영한다.

결국 서로가 아직은 소통이 잘 안 되고 있음을 사진 한 장 가지고도 알 수 있다. 서로가 좋아하는 장면을 잘 촬영되었을 때는 개떡같이 이야기해도 찰떡같이 알아듣고 서로가 원하는 모습을 촬영할 수 있을 것이다. 물론 서로 소통이 되었다면 정서적인 면이 많이 같아지고 공유하는 여러 주변의 환경이 점점 물들고 같아져서 일 것이다.

여인들은 서로 알아가는 과정에서 사진 한 장 촬영하는 하나만 가지고도 서로 말귀 알아듣는 사람이 되기 위하여 노력하고 노력한다. 한데 정치를 하는 사람들은 지난 3년간 서로가 무슨 말을 하는지 아직도 서로 말귀를 못 알아듣는 것 같다.

매번 하는 이야기가 국민을 대신해서 일하는 지난 3년이 넘는 동안 무엇을 어떻게 했는지 국민의 말귀를 못 알아듣고 서로 되지도 않는 말씨름인지 말장난인지 국민에게 걱정만 끼치는지 알 수 없다. 국민을 바보로 만들자는 것인지 바보가 되어주길 원하는 것인지 도무지 상식 밖의 일들을 한다. SNS가 발달하여 한글을 아는 국민은 누가 무엇을 하고 어떻게 하려는지 다 안다.

정치인들은 이 아름다운 봄날 지천으로 피어 있는 눈이 부신 벚꽃을 눈과 가슴에 넣고 국민의 말귀를 잘 알아듣는 '국민들이 개떡같이 말해도 찰떡같이' 알아듣는 정치를 하길 바란다.

봄꽃 닮은 잔상

봄이다하고 몇 밤이 지났다고 생각하는 사이 벌써 온통 푸르러져 있다. 봄철에만 볼 수 있는 꽃들은 다 피고 지고 이제 마지막 봄을 품고 있는 철쭉꽃만 여기저기에서 진하게 치장하고 우리의 눈길을 붙잡는다.

우리 동네 산들의 나무들은 언제 수채화 물감 같은 연두색 옷을 모두 곱게 입었는지 속살을 모두 초로 초록으로 예쁘게 덮어가고 있다. 아직은 피어 있는 진달래꽃을 숨기고도 있다. 봄 가뭄이 심해져서 모두 비 내리기를 기도하고 있을 때 하늘은 이를 들어주셔서 요 며칠간 비를 주셔서 온통 우리 도시가 연초록의 도시로 물들여지고 있다.

우리 동네 화려한 봄꽃이 지천으로 피어서 모두가 고향의 봄 노랫말에 있는 꽃 대궐을 휴대폰 단 톡 방에서 인용하기도 한다. 우리 동네는 정말 꽃 대궐의 모범적인 동네임이 확실하다. 꽃 대궐의 잔상을 남기기 위해 사진 촬영대회를 해보면 좋을 것 같다.

봄꽃 닮은 어른들의 사랑과 배려하는 모습이 잔상으로 오래도록 남아 있다. 평생 살아온 여정 속에서 각기 다른 직업과 다른 목표를 위해서 살아오셨던 어른들께서 서로의 입장은 젊어서는 함께 할 수 없었거나 같이는 못 했어도 그간 서로의 입장에서 존경하고 사랑하고 배려하는 모습은 사회생활을 하기 위한 모습이라고도 생각을 할 수 있지만 그 세월이 흘러서 100세를 향하여 걸어가시는 어른들께서 손아래 후배의 직업을 평생 존경하고 배려하고 사랑하는 참모습에 그저 고개가 숙여진다.

모임 전에는 꼭 작은 선물이라도 준비하시고 모임 후 자리를 뜰 때도 먼저 가시게 하고 묵례로 인사 후 자리를 떠나시는 모습은 우리가 잘 보고 익혀야 할 것이란 생각이 든다. 그리고 작은 실수에도 너무나 가슴 아파하며 오해가 생긴 것에 대한 미안함에 밤잠을 설치시는 것도 그리고 그것을 잘 아시고 최선의 지혜로 서로에 대한 배려의 모습으로 중간 역할을 하시는 어른들의 세련된 노련한 모습도 우리가 배우고 또 배워도 모자람이 있다.

배려는 내 위주의 상대한 대한 생각이 아니다. 그 것은 상대방을 중심으로 일을 처리하는 것이 참 배려라고 여겨진다. 서로의 생각들이 서로 모이면 정말 양보하고 상대방 중심으로 마음을 가져 처리하는 것은 우리가 모두 알고 배워야 한다고 생각한다. 때론 연세가 높은데 뭘 그리하는가 하지만 그것은 그 어떤 산교육보다도 높고 귀하게 평가해야 하고 닮아가는 우리가 되어야 한다.

이런 귀하신 어른들이 우리 곁에 계신다는 게 정말 감사하고 행복해야 한다. 연세 높으신 어른들께서 뭘 바라고 그러시는 게 아니다. 모두가 화합하여 잘되기를 바라는 희망의 모습을 몸소 보이시는 사랑의 모습이다. 평생 살아온 여정 속에서는 지금과 같은 모습은 아니셨어도 현재는 우리가 모두 잘 되기를 위하여 작은 실수가 생겨도 몸소 배려하고 사랑하는 모습을 보여주고 계신 우리 동네 어른들이 계셔서 우리는 행복하다고 생각해야 할 것이다. 물론 때론 시대가 많이 변하여 여러 면에서 이치에 맞지 않을 때도 있지만 그것을 아는 우리는 그 마음을 잘 헤아려 받아서 현실적으로 이해하면 된다.

얼마 전 가수 현미 씨가 갑자기 세상과 이별하여 항간에는 이런저런 말이 있지만 속 내용을 잘 모르는 사람들의 입담일 뿐이다. 그는 평생토록 가족의 생계와 우리를 위해 노래를 불러서 위로를 주고 기쁨을 주었다. 또한 살아생전 여러 매체에서 건장함으로 노익장을 과시했다. 노익장을 과시하며 연예인으로 살면서 당당함으로 동년배 이거나 위, 아래 어른들께 이 시대를 살아가는 구성원으로서 역할을 했다.

우리 동네 어르신들께서 오래도록 우리 곁에 계셔서 더 많은 참사랑과 배려의 여러 모습으로 우리를 안내하시기를 소원하여 본다.

작약芍藥꽃과 목단牡丹꽃

5월 중순에 와 있다. 올봄은 꽃이 피어 고운 자태를 만들쯤이면 비바람이 불어서 꽃잎을 떨구는가 하면 기온이 오르고 내리고 하는 이상기후 현상으로 꽃과 잎이 한꺼번에 피어서 예년에 보지 못했던 꽃들의 모습을 볼 수 있었다. 그러는 사이 가로수로 심어진 이팝나무에 꽃이 하얗게 흐드러지게 피었다. 예전에는 5월이면 아카시아꽃 향기가 멀리서 날아와 코끝에 향긋함을 맡기고 갔었다.

흔하지 않았던 꽃이 요즘 우리 주변에서 어렵지 않게 볼 수 있다. 작약꽃과 목단꽃이다 모든 봄꽃이 화려하지만 화려함에 최고라고 할 수 있는 작약꽃과 목단꽃도 이제는 군락을 이루고 피어 있는 곳도 많고 주변에 정원이나 작은 화단에도 잘 가꾸어져 꽃이 피는 것을 볼 수 있다.

작약꽃과 목단꽃을 보는 우리는 잘 구분이 되질 않는다. 작약꽃의 과명은 미나리아재비과에 5~6월에 피고 겨울이 되면 줄기는 죽고 뿌리만

남아서 매년 새싹이 나와서 흰색 분홍색 붉은색 등이 피고 향은 은은하고 달콤하게 난다. 꽃잎 모양은 얇고 둥글며 부드럽다. 한방에서는 약용으로 진통 지혈에 쓰이기도 한다. 향은 강하지 않지만, 향수 원료로도 쓰인다고 한다.

작약꽃과 비슷하지만 정말 더 화려하고 향기 강한 꽃이 목단꽃이 있다. 꽃의 크기가 크고 향도 짙어서 옛날 궁궐에 많이 심어지기도 하였다. 옛 중국에서는 황실의 황후나 귀빈, 고위직 궁녀들이 머리에 쓰는 장신구의 하나인 화관에 목단꽃을 수놓아 예복 입을 때 착용했다. 그것은 꽃말이 부귀, 영화, 고귀함 이어서 그런 것 같다. 목단꽃은 작약꽃과는 다르게 겹겹이 쌓여 피어서 그 존재감이 압도적이라고도 할 수 있다. 목단꽃은 분홍, 자주색, 흰색, 노란색 등으로 핀다.

목단(모란)은 한문으로 수컷 '모' 자를 쓰고 '단'자는 붉을 단자를 쓴다. 하여 붉고 화려한 수꽃이라는 뜻이 있다고 한다. 모란은 실제로 수꽃과 암꽃이 나누어 지지 않는 양성식물이라고 한다. 목단은 꽃송이가 작약하고는 다르게 꽃송이가 크고 향도 짙어서인지 강함과 당당함. 그리고 왕성함과 화려한 아름다움의 대명사로 여기고 옛사람들은 의복이나 장신구에 목단꽃을 수놓아 많이 사용했다. 지금까지도 그 전통이 이어져서 얼마 전까지 우리가 덮고 자는 이불에도 목단꽃이 수놓아진 이불을 우리가 사용했다. 전통 혼례복이나 병풍 등에도 목단꽃이 많이 그려지거나 인쇄된 것을 우리가 사용했다.

예술작품에도 지금도 목단 꽃문양이 많이 사용되고 있다. 동양화와 수묵화에서는 풍성한 꽃잎과 우아한 자태가 강조되어 많이 그려지고 있다. 우리나라에서는 도자기에 문양을 많이 새겨 넣었다. 장식품에서도 목단꽃을 볼 수 있다. 목단꽃은 작약하고는 다르게 줄기가 나무처럼 단단하고 그늘에서도 잘 자란다고 한다. 하지만 꽃이 피는 시기가 길지 않다.

목단꽃은 4~5월에 개화되고 과명은 작약과 같은 과라고 한다. 고급 향료나 향수의 소재로도 쓰인다고 한다. 작약꽃은 많이 대중화가 되어 작약꽃 군락 단지를 조성하여 관광객을 모으는 데 한몫하는 지자체도 있다. 한 해가 가고 다시 시작된 봄이 되면 수많은 꽃이 우리의 일상으로 들어와서 우리와 같이한다. 한 해 동안 어떤 꽃이든 꽃을 보는 우리의 일상이 꽃길을 걷는 하루하루가 되길 소망하여 본다.

바람의 향기와 장수

우리에게는 5월은 소중하고 귀하고 행복한 달이다. 또한 모두 바쁘다. 그 어느 달보다 가족 행사와 주변에 크고 작은 행사들로 인해서 모두가 기대가 있는 달이기도 하다. 하지만 가정적으로는 가계지출이 많은 달이기도 하다.

고운 색으로 봄의 향연을 이끌던 봄꽃들이 이제 초여름으로 가고 있는 것을 광고나 하듯이 거리마다 우윳빛 색으로 아까시나무꽃과 이팝나무나무꽃이 짙어지는 초록 잎과 함께 바람에 이리저리 흔들려 풍성한 꽃잎들을 더 풍성하게 한다.

코로나 팬데믹으로 지난 3년 동안 자유롭지 않았던 야외 활동이 더 소중해졌다. 그것을 보상이라도 받으려는 듯 감사한 마음에 그저 밖으로 어디든지 여행을 떠나 바람의 냄새를 맡고 맡으려고 떠난다. 바람결에 전해져오는 세상의 모든 자연의 냄새와 향기를 우리는 너무나 그리운 가운데 갈망하고 있었기 때문이다.

물가 값은 너무나 많이 올라서 경제적 위기라고 말은 하지만 그것하고는 사뭇 다른 우리들의 모습이다. 일단 경제적으로 많은 것이 숫자상으로 3년 전하고 다르지만 개의치 않고 여행과 또 다른 소비들이 많이 이루어지고 있는 것 또한 부정할 수 없다. 평일과 주말을 구분하지 않아도 고속도로는 거의 주차장을 방불케 한다. 그 많은 차량이 어디서 다 나왔는지 차도 위에는 차들이 가득하다.

이 모두가 행복한 일들이다. 5월에는 어린이날을 시작해서 어버이날 스승의 날 부부의 날 등 우리 가정에서의 귀하고 중요한 부분이 모두 기념하게 되어 있다. 또한 올해부터는 석가탄신일까지 대체휴일로 지정되어서 5월에만 2번 3일간이 휴무로 이어진다. 정말 기분 좋은 일이다.

봄을 맞이하면 삼라만상에 봄꽃과 나무들도 그들의 나이테에 맞게 꽃을 피우고 가지와 잎을 건강하게 내놓고 한다. 자연은 봄이라는 생일을 맞이하여 스스로가 축제를 한다. 사람은 태어나 1년이 지나 생일을 맞게 되면 돌이라 하며 잔치를 한다. 그리고 태어난 날을 매년 생일로 기념하여 크고 자라난 것을 축하한다.

그렇게 시작하여 사람의 나이가 50살이 시작되는 해부터 10년마다 기념일 이름을 붙여서 축하와 잔치를 한다. 물론 20대 30대 40대에도 기념일 이름은 붙여져 있다. 하지만 우리들은 50살부터 무엇인가 인정받고 싶어 하고 인정하려고 한다. 그것이 100의 꼭 절반이라 해서 그런지는 모르겠다. 사람들은 50이면 무엇인가 살아온 세월에 관한 생각과 살아가야 할 일에 대해 깊은 성찰의 시간을 갖는 것 같다.

100년 전 만 해도 사람의 수명이 60년 가까이 살기도 어려웠다고 한다. 하여 50세는 지천명知天命, 하늘의 뜻을 아는 나이 60세 되면 이순耳順이라 하여 듣는 대로 이해할 수 있는 나이 61세가 되면 환갑還喆 육십갑자의 갑으로 되돌아옴을 62세 진갑進甲은 환갑의 이듬해를 말하며 70세 고희古稀는 특별히 드물 희稀를 썼다. 칠순七旬 십 년씩 일곱 번을 지낸 해 종심從心을 써서 마음이 하고자 하는 바를 쫓아도 이치에 어그러지지 않는다고 했으며 71세 망팔望八 여든을 바라본다고 하였다.

80세는 팔순 여든 살을 산수傘壽라 하고 81세는 망구望九 아흔을 바라봄을 88세는 미수米壽 팔십팔八十八을 모으면 미 자가 되는 데에서 생긴 말이라 하며 90세九旬 졸수卒壽 아흔 살을 이르고 91세 망백望百 백 살을 바라 본다 이며 99세는 백수白壽 백百 자에서 一을 빼면 백白자가 되는 데서 나온 말이라고 한다. 100세는 상수上壽 백 살 이상의 나이를 뜻하며 111세 황수皇壽 황제의 수명을 뜻하며 120세 천수天壽 타고난 수명을 뜻한다.

우리들의 주변 분위기가 대체로 약 20년 전부터 환갑잔치는 안 하고 지구상의 다른 땅의 냄새와 향기를 맡는 여행을 하는 분위기로 많이들 바뀌었다. 20년이 지난 지금은 칠순 잔치도 거의 안 한다. 칠순을 고희라도 할 만큼 드물 희자를 썼을 정도로 70세까지 사는 사람이 많이 있지 않아서 고희라 이름 붙여 장수를 축하하였다고 한다.

우리 주변을 둘러보면 80세에도 청년 같으며 90세에도 기억력이 저하되거나 거동이 불편하지 않으시고 사회 활동을 하시는 어른들이 많이 계신다. 장례식장에 가서 망자의 나이를 보면 거의 90세가 훨씬 넘으신 분들이 많다.

코로나 팬데믹으로 인해서 장수하시던 어르신들께서 어려움을 겪기는 하셨어도 현대의 의학 기술로 생명 연장은 계속되고 있어서 120세의 천수를 누리는 어르신들이 많이들 계실 것 같다.

이렇게 발전된 생명과학이나 의학 기술로 인해서 우리가 알고 있는 나이대별로 기념일이 붙여졌던 것도 장수가 아닌 모두가 120살까지 청년처럼 살아가는 시대의 기념일을 새롭게 다시 만들어야 할 것 같다.

아내의 자랑

동구 밖 과수원길/아카시아꽃이 활짝 폈네/하아얀 꽃 이파리/눈송이 처럼 날리네/향긋한 꽃냄새가/실바람 타고 솔솔/둘이서 말이 없네/얼굴 마주 보며 생긋/아카시아꽃 하얗게 핀/먼 옛날의 과수원길/과수원 길

5월이 되면 어른들도 잊어버렸던 이 동요를 중얼거린다. 박화목 작사 김공선 작곡인 과수원길 동요 노래다.

왜냐하면 봄이 왔다고 그리고 꽃들이 피고 나무들의 잎이 무성해져 그새 마른나무가 있었던 것을 잊어버려 가고 있는데 어디선가 불어오는 5월 훈풍에 향긋한 냄새를 무심코 맡다 보면 세월이 계절의 여왕이라 불리는 5월의 시간 앞에 와있구나 실감 나게 한다.

아카시아꽃에 향긋한 향기가 없었다면 아마 이팝나무꽃에 묻혀 더 생각이 안 날 수도 있다. 같은 5월에 큰 나무에 흰 꽃을 하얗게 피워서 우

리들에게 행복을 주는 이 나무들의 꽃이 정말 가로등이 없어도 차도가 훤할 것 같이 이팝나무의 꽃들이 줄지어 가로수로 심어져 그득하게 피어 있다. 이팝나무는 가로수로 우리들과 함께하는데 아카시아들은 산속으로 밀려나고 말았다. 그래서 어쩌다 불어오는 바람결에 향긋한 향기로 아카시아꽃이 피고 있음을 새삼스럽게 알 수 있다.

5월이면 봄꽃들의 연한 색은 정리가 되고 이제부터 짙은 색 꽃들이 피기 시작한다. 우리 동네 어느 곳에든지 조금만 관심 가지고 둘러보면 장미꽃이 만개하고 있다. 지금 막 피고 있다. 울타리 장미(줄 장미)로부터 시작해서 많은 종류의 장미꽃이 피고 있다. 예전에는 장미가 참 고급스러운 꽃이라 보기가 어려웠다. 요즘 품종이 비싼 장미꽃도 공원에 심어져 관리가 잘 되어 늦가을까지 꽃을 볼 수 있다.

장미 노래 가사도 정말 예쁘다. 김미선 작사 박순진 작곡의 4월과 5월의 노래다.

당신에게선 꽃내음이 나네요/잠자는 나를 깨우고 가네요/싱그런 잎사귀 돋아난 가시처럼/어쩌면 당신은 장미를 닮았네요/당신의 모습이 장미꽃 같아/당신을 부를 때 당신을 부를 때 장미라고 할래요/ 당신에게선 꽃내음이 나네요/ 잠 못 이룬 나를 재우고 가네요/어여쁜 꽃송이 가슴에 꽂으면/동화 속 왕자가 부럽지 않아요/당신의 모습이 장미꽃 같아/당신을 부를 때 당신을 부를 때/장미라고 할래요/당신에게선 꽃 내음이 나네요/잠자는 나를 깨우고 가네요/싱그런 잎사귀 돋아난 가시처럼/어쩌면 당신은 장미를 닮았네요.

장미의 귀한 모습을 사랑하는 연인의 모습에 담고 고급진 장미의 향을 사랑하는 연인의 향기로 담아서 노래한 장미의 가사는 정말 장미꽃으로 말할 수 있는 모습이 모두 담아져 있다.

싱그런 잎사귀 돋아난 가시처럼 어쩌면 당신은 장미를 닮았네요가 풋풋한 첫사랑의 이야기를 정말 잘 담아서 우리에게 부를 수 있도록 해서 많은 사랑을 받았고 아직도 받고 있다.

세이노의 가르침 중에 동아일보에 기고한 글 중에 당신의 '가족부터 만족시켜라.'라는 내용이 있다. 60대 경영자와 식사 후 꽃을 사서 사모님께 드리라 했더니 평생 안 해봤다면서 쑥스러워하면서 거절했다고 한다. 세이노는 이렇게 말한다. 경영자에게는 가장 가까운 고객이 아내입니다. 가장 가까운 고객을 감동 못 시키는데 어떻게 다른 고객을 감동시킨다는 말입니까 하였더니 다음날 그 경영자는 꽃을 사서 아내에게 선물했다고 합니다. 아내는 온 동네에 남편으로부터 받은 꽃 이야기를 하며 남편에게 받는 사랑을 자랑하였다고 한다.

이 계절 많은 꽃이 풍성하게 피고 있다. 가족 모두가 꽃집에 가서 꽃은 사지 않더라도 가족 모두가 저녁을 하고 함께 산책이라도 하면서 산책길 옆에 피어 있는 꽃들로 가족에게 서로를 닮았다고 이야기하면서 소소한 소통으로 감동을 주어 서로에게 자랑이 되는 봄이 되었으면 한다.

PARTIV_ 표정이 있는 윤슬

기차 여행

올 봄꽃은 화사하게 피었다 지지를 못했다. 화사함의 대명사라고 할 수 있는 벚꽃 개화 시기에 때맞추어 봄비가 내리고 기온이 내려가서 꽃잎이 피면서 떨어졌다. 벚꽃은 내년에 또 피면 보면 된다. 하지만 배, 사과 복숭아꽃들이 비슷한 시기에 피는데 열매 과일들의 꽃이 기온 저하로 꽃잎들이 냉해를 입어 많이 떨어졌다고 한다.

열매 과일들 꽃이 떨어졌다는 뉴스를 접하면서 기차를 타고 여행했다. 차창 밖으로 과수나무의 꽃들이 높고 낮은 산등성이에 하얗게 또는 붉게 피어 있는 것을 눈으로 보니 조금은 위안이 되었다. 경기도권은 아직은 연초록 잎을 낸 나무들과 지금까지도 앙상한 나뭇가지로 서 있는 나무들이 섞여서 얕은 산과 들판을 지키고 있었다. 충청권을 조금 지나가니 작은 나무와 큰 나무들이 잎을 모두 내어 산의 속살이 보이지 않기 시작했다.

넓은 들에는 농사를 짓기 위해 논과 밭은 잘 정돈되어 있어 보였다. 밭

둔덕과 논과 논 사이를 연초록 새싹들이 경계선을 나타내고 있는 모습이 평화스러워 보였다. 농사를 시작하려면 비가 때맞추어서 내려 주면 좋은 것 같은데 기온이 내려가고 바람이 많이 불어서 나비와 벌들이 할 일을 못 하면 과수농가에는 피해가 있을 것 같아 염려스러움이 함께했다.

과수농가에서는 과학의 힘을 빌려서라도 다른 대책을 세워봄이 어떨까 한다. 기후 위기 시대에서 지금까지 사용한 여러 가지 농사법은 조금은 위험할 수 있을 것 같다. 물론 기후 위기에 맞추어서 최신 농법으로 농사를 짓는 곳도 있다. 과수의 품종을 바꾸거나 개량한 곳도 있다고는 하지만 우리나라 사람들 잘 먹는 과일은 그대로 유지하기 위해서는 다른 방법이 필요할 것 같다.

기차 안에서 조용하게 자기만의 생각을 집중하여 창밖의 풍경과 대화하는 것이 오랜만의 일이어서 좋았다. 요즘 여행은 단체라 해도 많은 인원이 아니면 기차를 타고 가서 여행목적지에서 택시를 이용해서 이동하여 걸어 다니면서 꼼꼼하게 여행지의 볼거리 느끼고 확인하는 것도 좋다.

요즘엔 체험 학습을 통해서 역사 공부를 하니 정말 좋다. 일찌감치 알고 공부하는 것과 모르고 암기해서 아는 것하고는 천양지차가 나는 것 같다. 유치원생들도 관심이 있는 역사는 잘 알고 있는 것이 신기할 정도다. 아기 때부터 체험 놀이라는 것을 통해서 얻은 결과이다.

또한 예전에는 없었던 각종 매체를 통해서 학습된 결과이기도 하다. 좋은 시대에 살고 있는 것이 확실하여 감사할 따름이다.

어떤 방법이든지 여행은 하면 할수록 인생의 목표가 생기고 각오도 생기고 주변을 돌아볼 수 있는 계기도 되는 것 같다. 시간이 조금이라도 아니 자투리 시간이라도 이용해서 가까운 주변이라도 여행하는 것은 우리가 살아가는 데 크게 도움이 된다. 이 아름다운 봄 혼자 또는 몇 명이 아니면 단체에 속해서라도 여행하면 우리가 살아가는 여정을 돌아보는 감사한 시간이 될 것이다.

포도 葡萄

오랜 장마와 무더위로 햇곡식 햇과일 등 농사가 예년에 비해 수확량이 매우 부족하다고 한다. 물론 햇과일과 햇곡식이 본격적인 출하가 되는 시기는 아니어서도 그렇다. 그래도 추석 명절 때쯤이면 명절을 지낼 만큼은 출하되어 조금은 가격이 높다고 이야기하면서도 사 먹을 만한 정도였는데 올해는 정말 가격이 높다. 오랜 장마와 우리나라를 통과한 태풍이 과수밭의 열매들을 모두 떨어뜨리고 갔다고 한다. 과일나무마다 달리는 양은 다르지만, 평년에 사과나무 한 그루에 보통 30개에서 40개 정도가 달린다고 하는데 올해는 나무 한 그루에 10개에서 15개 정도가 나무에 남아있다고 한다.

꼭 필요할 때 사용해야 하는 햇과일들이 태풍으로 낙과되어 나무에 달린 과일들의 숫자가 적어서 가격이 높으니 아무래도 올해에는 과일을 다른 해보다 적게 먹어야 할 것 같다.

우리 고장에는 대부도에 포도 산지가 있다. 해풍을 맞고 알알이 꽉꽉 채운 포도가 일품이다. 물론 포도가 다른 과일에 비해 가격이 저렴한 것은 아니다. 한 송이를 나누어 먹으면 여럿이 맛을 볼 수 있다. 우리 안산의 대부도 포도가 맛이 없다고 한다. 인근 송산 포도나 시흥 포도에 비해 그 맛이 시고 단 맛이 적다고 하는데 실제로 구매해서 먹어보면 꼭 그렇지는 않다.

'포도'라는 이름은 각각 '葡 포(길 포)와 萄도(질그릇도)를 쓴다. 포도는 8,000년 전의 고대 유적지에서 포도 씨가 발견된 것으로 보아 그 이전일 것으로 추정된다고 한다. 한반도에는 삼국시대 무렵으로 전래한 것으로 보인다고 한다. 포도는 8월에서 10월까지 열매를 맺고 가장 맛있는 시기는 9월 초순부터 말까지 초가을에 가장 맛이 좋다고 한다. 포도나무 한 그루에는 5~60송이가 달린다고 한다. 요즘은 포도나무도 개종되어 달리는 수는 포도나무마다 다를 수도 있다고 한다.

포도나무는 전 세계에 약 60종이 있다고 한다. 세계의 4대 과일 중 하나이며 중앙아시아 서남아시아 및 이란과 아프가니스탄을 포함한 주변 국가에서 유래 되었다고 한다.

포도에는 그 이름에 걸맞게 포도당 당분이 많이 들어 있어서 피로 해소에 좋다고 한다. 비타민 A.B.C.D.등이 풍부하고 아울러 칼슘인 철 나트륨 마그네슘 무기질도 있다고 한다. 또한 안토시아닌 성분이 노화 방지에 도움이 되는 항산화 성분으로 활성산소의 생성을 억제해 준다고도 한다. 우리가 흔히 잘 알고 있는 보라색 포도에는 안토시아닌을 많이 가지고 있다고 한다.

얼마 전부터 유행하고 있는 샤인머스캣은shine muscat 일본 히로시마현 히가시히로시마시 아키쓰정에 있는 포도 연구 농업센터에서 육성된 품종이다. 일본어로는 샤인마스캇토이다.

8월 중순 무렵에 성숙하는 조생종으로 포도알이 크고 씨가 없으며 단맛이 많이 나서 포도의 신맛을 즐기지 않는 소비자들에게 선호도가 높은 것 같다.

이육사 시인의 '내 고장 칠월은 청포도가 익어가는 시절'에서도 나오는 우리가 잘 알고 있는 청포도는 왜 대중적인 청포도가 되지 못했을까 하는 아쉬움이 있다. 우리가 많이들 먹는 캠벨 포도는 대중적인 데 비해 청포도는 어떤 이유에서인지 대중적이지 못한 자리를 이제는 샤인머스캣이 그 자리를 차지하고도 더 뛰어넘어 젊은 층에서 인기가 높다.

우리나라 포도 주산지 표기에는 우리나라 각도에 유명한 포도 주산지가 있지만 경기도에는 안성시와 화성시 안산시로 되어 있다. 샤인머스캣도 우리가 소비해야 하지만 대중적인 자리를 차지하고 있는 그리고 우리 고장 대부도에서 생산되는 포도에 더 관심을 갖고 더 많이 소비하고 포도 농가와 관계되는 기관에서는 소비자들이 고민하는 것을 파악하여 빠르게 대처해야 할 것이다. 대부도 포도의 명성을 위하여!

능력을 넘어

근래에 들어서 올여름처럼 더위를 덥다고 모두 말하는 해는 드물었던 것 같다. 입추가 지나갔는데도 아랑곳하지 않고 계절은 오고 가는 것을 잊어버린 것처럼 한낮의 더위는 그야말로 푹푹 찐다는 표현이 과한 표현이 아닌 것 같다. 6월 하순부터 시작된 장마는 7월 중하순이 되어서 조금 멈추는 사이 8월 중순이 다 되어 가는데 여름 그 자체는 아직도 한발 물러설 기미조차 안 보이는 것 같다.

이렇게 입추가 지난 요즘 모두 동남아 날씨와 같아지는 것 같다는 이야기들을 한다. 이 더위 중에도 프랑스 파리에서는 올림픽이 보름간 있었다. 시간 차이로 종목마다 우리 선수들의 열정적이고 치열한 게임 중계 방송하는 것을 시청은 많이들 못 했다고 한다. 한낮의 더위로 게임이 이어지는 밤에는 잠을 청하여 더위에 지친 것을 쉬려는 목적도 있지만 한 밤에 방송을 보면 그 열기가 더 해져서 너무 더워서 방송을 안 보고 뉴스를 통해서 우리나라 선수들의 대견하고 자랑스러움을 확인하고 기뻐했다.

우리나라 선수들의 멋진 매너가 참 돋보이는 올림픽이었다고들 한다. 상대 선수를 격려하거나 함께 보듬고 악수하는 장면을 볼 수 있다. 상대 선수가 본인을 넘어설 수도 있었다는 사실을 충분히 알았으면서도 승자의 멋진 배려가 참으로 돋보이는 시간이었다고 생각이 든다.

우리나라 선수들이 이제 자기들의 할 몫을 최선으로 다했다. 메달을 목에 걸었거나 못 걸었어도 우리는 그들을 위해 아낌없는 박수와 응원으로 그들의 수고를 아주 크게 격려해야 한다.

우리나라는 당초 15위로 금메달 5개 정도 예상했다고 하는데 2024년 파리 올림픽에서 8위로 금 13개 은 9개 동 10개다. 총 32개 중 가장 많은 메달을 활 총 칼로 세계를 평정했다는 말까지 나올 정도로 메달을 가져왔다. 우리 국민의 염원이 이루어졌다고 여겨진다.

비인기종목에도 많은 관심으로 선수들을 응원하였다. 올림픽 전에 방송에 출연한 기회에 자기 종목을 홍보한 결과 방송사에서 3곳에서 모두 현장 중계를 하였다. 홍보전에는 현장 중계를 잘 하지 않는다고 했다. 하지만 현장 중계를 하여 그 종목에서도 메달을 획득하였다. 모두가 합심하여 얻어진 결과이다. 선수는 말할 것도 없이 방송사에서도 할 일을 다

해서 좋은 결과를 가져온 것에 많은 자부심이 있었으리라 여겨진다.

보름간의 올림픽은 이제 막을 내렸다. 이제 메달 이외의 일들에 대해서 국민이 알 수 있도록 관계 당국에서는 철저하게 내부를 들여다보고 선수와 선수를 관리하는데 어떤 문제로 소통이 안 되었는지를 소상하게 조사하여 국민이 납득하고 이해할 수 있도록 알려야 한다.

지금은 21세기다. 그런데도 옛 습관대로 선수들을 관리했다면 이제라도 변화하는 기회로 삼아 2028년 LA 올림픽에 대비해야 할 것이다.

보통의 국민은 선수들과 선수를 관리하는 체계를 잘 알지 못한다. 알지 못한다고 하여 바르게 소상히 조사되어 알리지 않는다면 그것은 더 큰 화근이 될 것이다.

금메달도 좋지만 그것보다 우선되는 것이 선수가 안정된 주변과 상황에서 마음 놓고 훈련을 할 수 있도록 도와주고 케어하여 선수가 그 능력을 넘어선 위에서 그 몫을 다 할 수 있도록 해야 할 것이다.

보통 국민은 참 왜 그럴까, 생각이 든다. 몇 년 전에는 태권도가 그리고 얼마 전에는 축구가 그랬다. 물론 사람이 하는 일이니까 어떤 일이 던 일어 날 수 있다. 그러나 이제는 스포츠 강국으로서 새로운 시스템을 도입하고 만들어서라도 스포츠 정신이 살아 있는 단체의 규정을 만들어서 우리나라뿐만 아니라 다른 나라에서도 부러워할 만 한 그런 시스템을 세워서 잔치 잘 끝내고 마무리를 더 멋지게 할 수 있게 하는 데 역점을 두어서 이 시점에서 선수의 입장을 충분하게 생각하여 관계 당국에서는 정말로 소통을 잘해서 국민이 걱정 안 하도록 해야 할 것이다. 소통은 쌍방이라는 것을 간과하면 안 된다.

문 열고 밖으로 나가면 훅 끈 하게 다가오는 뜨거운 열기로 가득한 요즘 스포츠만이라도 에어컨 바람보다도 더 시원하고 깔끔하게 되어 국민이 시원하게 그냥 열렬히 손뼉 치고 응원할 수 있게 되기를 정말 기대한다.

캠핑과 차박이

더위가 기승을 부리는 삼복더위에 시원한 물줄기가 흐르는 곳에는 자연스럽게 눈길이 닿는다. 물소리를 듣는 것만으로도 시원하다고 생각하게 한다. 그래서 우리는 모두 바다와 강을 찾아서 휴가를 가는 것 같다. 코로나로 집 밖에는 나가는 것이 꺼려지고 간다고 해도 사람이 없는 곳을 찾아서 근 2년 동안은 잠깐의 휴식을 취했다.

코로나가-19가 약간은 완화되었다가 다시 변이되어 다시 확산이 되는 추세여서 올여름도 휴가를 여유 있게 휴식하기는 조금은 망설여지는 때인 것 같다. 여름휴가는 길에 차가 길에 줄지어 밀려서 가고 사람이 많은 곳에 함께 머물면서 물놀이를 해야 그 맛이 나는 것 같이 습관 되어온 여름철 우리들의 문화이다.

멀지 않았던 시절에는 여름철 휴가는 시골에 계신 부모님을 찾아뵙고 농사일을 작게라도 거들고 시골집 근처에 있는 작은 계곡이나 개울가에서 물놀이를 했었다. 그리고 개인소유의 자가용이 늘어나면서부터는 시골 부모님을 모시고 바다와 강을 찾아서 휴가를 즐기는 여름철 우리의 모습이었다.

그러는 사이 우리 주변에는 펜션이라는 휴가지의 형태가 생기면서 휴가의 문화도 점차 많은 변화를 불러왔다. 휴가지의 펜션은 많은 사람에게 좋은 추억으로 남을 수 있게 그 시설이나 규모 면에서도 경관이 좋은 곳에 지어서 져서 많은 사람으로부터 사랑받는다.

요즘은 캠핑과 차박이라는 휴가가 유행한다. 우리의 살림살이가 넉넉해지면서 캠핑도 어렵지 않게 할 수 있고 차박이는 차를 이용하여 여러 곳을 여행하며 휴가를 즐길 수 있는 문화 속에서 올여름도 각자의 취미와 취향과 사정에 따라 휴가를 즐길 수 있다. 차박이 휴가는 정해진 날짜에 휴가 여행을 떠나는 것이 아니다. 마음만 먹으면 언제라도 훌쩍 떠날 수 있다.

그뿐만 아니다. 큰 여러 종류의 차량을 개조하여 캠핑카로 만들어 이용도 하지만 외국 영화에서나 볼 수 있었던 카라반이라는 캠핑 트레일러도 요즘은 많이 볼 수 있다. 퇴직한 어느 대기업 임원은 전 재산을 다 팔아서 좋은 캠핑카를 구입하여 부부가 전국을 돌며 노후를 여행하며 살아간다는 이야기도 매스컴을 통해서 방영되었다.

코로나로 19로 주변하고 잠시 못 만나고 함께 하지 못하는 동안 많은 것이 변화되어 있다.

많은 사람이 공동으로 함께하지 못하는 것에서 새로운 방식으로 휴가의 문화가 발전된 것 같다. 밖에 나가지 못해도 캠핑 텐트를 거실에 만들어 놓고 아이들이 그곳에서 휴식을 취하게 하고 야외 휴가를 즐기듯 하는 귀여운 휴가의 모습도 볼 수도 있다.

우리는 늘 여름철엔 더위를 떠나 휴가를 간다. 하지만 지구상에 나타난 기후 위기의 증후로 영국 같은 나라에서는 지금까지 여름철에는 에어컨이 꼭 필요하지 않았다고 한다. 하지만 올여름엔 40도에 육박하는 기온 탓으로 열사병이 속출하고 있다고 한다. 지구상에서 현재 벌어지고 있는 각종 전염병에, 전쟁에 더위로 정말 어려운 때이다.

그래도 우리의 휴가는 계속되어야 한다. 휴가 형태의 많은 변화를 이끌고 함께 하면서도 우리들의 쉼은 언제나 같다. 바쁜 일상을 보내다가 무더운 여름을 통해서 모든 일상으로부터 탈출하여 자연에 동화되어 모든 것을 내려놓고 단 며칠 만이라도 자신만의 시간으로 정신적으로 육체적으로 피로에 찌들어 있던 것을 훌훌 털어버린다.

그리고 자연의 건강함으로 모든 것을 단단히 재충전하여 다시 제자리로 돌아오는 고맙고 감사한 여름휴가를 우리들은 보낸다.

문화가 더위 먹었다

강원도에 계곡은 밤이면 춥다고 한다. 도시 속의 일상은 더위와 아직도 씨름하고 있다. 이렇게 더운데 모두 시원한 곳을 찾아서 며칠이 아니라 이틀이라도 더위에서 벗어나고 싶을 때이다. 올해 같은 여름 일기는 별로 없었던 것으로 기억된다. 요즘은 저녁이 되어도 한낮의 뜨거웠던 열기가 그대로 있다. 새벽이라고 시원한 바람이 조금은 있을까 하여 창가에 서보면 더운 바람이 여전하다.

입추를 지나 처서가 내일모레이다. 입추는 가을이 문 앞에 와 있다는 이야기다. 처서處暑는 일 년 중 늦여름 더위가 물러가는 때라고 한다. 예년의 일기는 아무리 더워도 8월 중순이 지나면 아침저녁으로 시원한 바람이 창을 넘어왔었다.

SNS상에 휴가 관련하여 재미있는 이야기가 요즘 문화를 대변하는 것 같아서 그 내용을 소개하면 이렇다. 아들 내외가 휴가를 간다고 키우고 있는 개와 집을 봐 달라고 해서 작은 도시에서 의좋게 사는 노부부가 아들의 부탁을 받고 노모는 혼자서 상경하여 집을 지키고 개도 살폈다고 한다.

아들 내외가 노모한테 부탁했다고 한다. '개가 더위를 많이 타니 꼭 에어컨을 틀어 놓고 계시고 시간 맞추어 밥을 주라고 했다고 한다.'. 한데 어머니는 에어컨 바람을 쐬면 감기가 들어서 창문을 다 열고 에어컨을 켜지 않았다고 한다. 개밥은 있는데 노모가 냉장고를 열어봤더니 먹거리가 없었다고 한다. 아들 내외가 돌아와 우선 묻는 말이 개 몰골이 말이 아닌데 개가 왜 이러냐고 노모한테 따져 물었다고 한다. 물론 눈으로 빠르게 보았을 때 작고 연약한 것은 개이고 노모는 믿을 만하고 건강해 보이셔서 순간의 판단 잘못일 수도 있다.

하지만 위 내용을 보았을 때 요즘 문화가 애완동물들에게 얼마나 의존하여 아끼고 마음을 다하여 사랑하는 것인가를 볼 수 있다. 노모의 건강보다 개의 건강이 앞서는 문화이다. 얼마 전에 보도된 기사다. 양육하고 있던 갓난아기는 집에 두고 품에 안고 나간 것은 개였다. 이 기사는 정말 무서운 내용으로 끝났다.

모두가 더워서 힘들게들 하루하루를 버티고 견디면 시원한 바람이 불어올 날을 기다리고 있다. 요즘 교육계가 많은 소리를 내고 있다. 우리가 우리의 삶 속에 무엇으로 치닫고 있는지를 모두가 심각하게 생각해 봐야 한다. 모두가 그런 것은 아니지만 실제 일어난 이런 일은 말없이 번진다고 할 수 있다.

우리의 질서 속에서 우선순위가 무엇인지를 언제부터인가 착각하고 우리가 살고 있는 것 같다. 우리 사회는 보이는 질서와 보이지 않는 질서 속에 질서를 잘 지키고 대대로 잘 살아오고 있다.

기성세대들이 요즘 문화를 못 받아들이는 것이 아니다. 기성세대들은 살아온 세월만큼의 앞, 뒤를 생각한다. 그렇다고 요즘 세대들이 앞, 뒤를 모르지는 않는다. 요즘 보면 우리의 것에 관심이 많다. 그 예로 우리의 옛날 과자를 즐겨 먹고 좋아한다. 세대 간의 소통이 안 되는 것은 무엇인가?

기계 문화가 막 시작될 때 시계를 보고 시계 초침 소리에 귀신인가 하고 깜짝 놀랐던 기성세대들의 할아버지가 아니다. 기성세대들도 컴퓨터도 잘할 줄 알고 SNS도 능숙하게 한다. 그것뿐만 아니다. 요즘 시대의 노래 중 랩도 할 줄 안다. 이 시대에서 널리 퍼지고 있는 최애라고 할 수 있는 다방면의 모든 것을 다 잘한다.

시원한 가을바람이 불어오면 각계의 전문가들은 이런 점들을 놓고 이야기해야 할 것이다.

보이스피싱과 스미싱

TV 뉴스나 신문을 챙겨 보거나 읽지 않는 국민도 다 알게 휴대폰에 일일이 알려주니 참 감사한 일이다. 하지만 자연재해는 나와 상관없다고 생각하지 않고 무심히 넘길 수 있다. 휴대폰 카톡이나 문자 메시지 함에 알지도 못하는 주식정보와 ㅇㅇㅇ당첨되었다는 문자와 보험설계에 대한 재상담을 받으라는 전화와 실비보험에 대한 설문조사를 한다고 하루에 거의 매일 2통 정도의 전화가 오는 것 같다.

스팸과 차단으로 막아놓아도 전화번호는 그들이 가지고 있으니 다른 전화를 사용하여 끊임없이 전화가 온다. 처음에는 공손하더니 이제는 대 놓고 남자들의 큰 목소리로 당당하다 못해 협박에 가까운 목소리로 전화한다. 상냥한 목소리의 여성 전화는 핑계를 대면서 끊어서 약간의 미안함이 있었는데 이젠 그런 마음도 닫았다. 너무나 당당해서 말이다.

전화나 문자로 공공기관을 사칭해서 송금 예금인출 계좌이체 등을 유도하는 것을 보이스피싱이라고 한다. 그 수법의 내용은 다양하다. 외국 은행에서 몇백 달러를 계좌에 송금했다고 하면서 의심스러우면 공정거래위원회 전화하라고 전화번호까지 함께 보내온다. 호기심에 누르는(터치) 순간 개인정보가 유출되는 사례도 종종 있다.

또한 무료 쿠폰 제공 모바일 상품권 도착 등 돌잔치 초대장 등 보내와서 클릭하는 순간 소액결제가 되었다는 문자를 받게 된다. 이런 것을 스미싱이라고 한다. 무료라고 하는 것에 현혹되어서는 안 된다. 누가 요즘처럼 어려운 시기에 어떤 이유로 무료로 주는지를 생각해 보면 거짓인 것을 금방 알 수 있다.

상반기를 보내고 이제 하반기를 준비하면서 주변을 둘러보면 이제 모두 상반기를 잘 견디고 나름의 발전을 가져왔다고 긍정적인 평가로 이제 잠시의 휴식이 필요하다고 생각하여 모두 어디로 쉼을 위하여 가볼까 하고 7월이 시작되자 벌써들 여행할 곳을 찾아본다.

여행지를 알아보려고 인터넷을 통하여 시작하려면 끼어들기 광고가 많아서 지우려다가 클릭 되어 보이스피싱도 클릭하게 되고 스미싱도 클릭하게 된다. 끼어드는 광고 등도 잘 보고 지우는 표식 X 손끝을 잘 터치해야 한다. 잘못하면 순간 다른 곳이 터치되어 별별 광고가 다 뜬다. 이

것 또한 조심해야 한다.

주변에서 많은 사람이 보이스피싱의 문자를 받았다고 한다. 보이스피싱에 대한 교육이나 홍보로 조심은 하지만 일단 전화를 받거나 내게 그런 일이 발생하면 확인할 시간의 여유조차 없이 당황하여 판단의 여유조차 없이 당한다. 전화 또는 문자를 받으면 조금 마음에 여유를 가지고 생각해서 판단하는 것이 좋다.

많이 받는 문자 중에 '엄마 나 핸드폰 수리 맡겨놓고 잠시 임시번호로 메시지 보냈는데 문자 들어갔어?' 이런 문자를 받으면 아무 생각 없이 순간 무슨 일인가 싶어서 전화번호를 누르는 순간 개인정보가 유출된다. 이럴 땐 진짜 번호로 전화를 걸어보면 아니라는 것을 당장 알 수 있다.

이 시대에는 많은 정보는 휴대폰을 통해서 받고 보내고 하고 있어서 내게 보내오는 모든 정보를 잘 읽어보고 확인해야 한다. 모르는 것은 절대로 누르면(터치) 안 된다. 관공서를 사칭하기에 딱 좋다. 관공서에서 하는 일을 카톡이나 문자를 통해서 어떤 일에 대해서 시민들에게 편의 제공 차원으로 하고 있다. 교묘하게 이런 문자와 함께 뜨는 보이스피싱이나 스미싱에 당하면 안 된다. 관에서 하는 일을 정확하게 알면 어려운 일은 당하지 않는다.

사람 찾는 문자 일기예보 문자 등도 꼼꼼히 읽어서 어려운 일은 당하지 말아야 한다.

노천 스파

12월이 되면서 모두가 없었던 일이 생긴 것처럼 모두 바쁘다. 코로나 팬데믹으로 건 3년을 마음 졸이며 사람들을 만나서 그런 것 같다. 물론 전화와 마스크를 착용하고 꼭 만나야 할 사람들은 만났다.

그렇게 보낸 세월이 무색할 정도로 인천공항에 여행객이 넘쳐나도록 붐빈다고 한다. 사람 사는 게 다 비슷한 것 같으면서도 생각이 요즘은 매우 다르다. 예전에는 송년 모임을 하고 늦게까지 2차 3차까지 여흥을 즐겼다면 요즘은 간단하게 끝내는 것 같다. 몇 가지 식순에 의한 행사와 식사를 마치면 하나둘씩 자리를 떠나게 되니 주최자 측에서도 더 붙잡을 명분이 없어지게 되는 것 같다.

요즘은 가족 단위이거나 크고 작은 많은 모임이 여행으로 송년 모임을 대신하려고 하는 분위기다. 여름철에만 휴가로 즐기던 많은 펜션이 겨울철에도 즐길 수 있도록 프로그램을 다양하게 만들어 놓았다. 지난 3년 동안에 많이 연구한 상품을 내놓아 여러 광고를 통해서 12월의 손님을 맞이하고 있다.

펜션들을 수리하거나 리모델링 등을 통하여 여러 프로그램을 도입하였다. 숙박하면서 즐길 수 있는 요즘 감성에 맞는 시설을 해 놓아 많은 사람들이 이용하는 것 같다. 작은 펜션들이 이 추운 계절에 야외 노천 스파를 할 수 있게 시설을 하고 12월의 분위기를 한껏 살린 곳이 많아져 야외 노천 스파도 할 겸 적당한 가격에 많은 사람이 찾는다고 한다.

조금만 시내를 벗어나면 한 해 동안 열심히 일한 것을 위로하고 보상받는듯하게 스트레스를 해소할 만한 장소로 탈바꿈한 야외 노천 스파가 있는 펜션이 12월을 맞이하여 주목받는다. 간단한 식사 준비와 간식을 준비해 가지고 가면 된다고 한다. 적당하게 조리도구도 갖춰져 있어서 먹고 마시고 잠자는 것도 충분하고 편하게 되어 있어서 쉼과 있는 12월의 분위기를 갖는 장소로도 좋은 것 같다.

누구의 참견이나 방해 없이 오로지 함께 한 사람들과 야외에서 따뜻한 물속에 몸을 담그고 큰소리 작은 소리로 눈빛을 주고받으며 이야기하여 무한긍정의 힘을 얻을 수 있는 따뜻한 물이 스트레스를 녹여주어 야외의 찬 공기는 아무런 문제가 되지 않는다고 한다. 오히려 찬 공기의 그

상큼함으로 새로운 힘을 얻는 것 같다고 한다.

노천 스파가 많은 일본은 TV에서 보면 눈이 내려 주변이 눈으로 하얗게 쌓여 있는데 김이 모락모락 나는 곳에 가족들이 스파를 즐기는 것을 보면 한 번쯤 가보고 싶다는 생각이 들기도 한다. 그뿐만 아니다 노천에는 원숭이들도 따뜻한 물에 들어가 몸을 녹이는 모습을 볼 수 있다.

일본은 온천이 많아서 자연스럽게 노천 스파가 문화에 스며들어 있다. 우리나라에는 중부지방 정도를 가야 온천을 할 수 있다. 물론 우리 도시와 가까운 화성에도 온천이 있기는 하지만 대중적이라서 가족 단위나 작은 모임이 송년 모임을 할 수 있는 분위기는 아니다. 그래도 대중 온천에서도 못하는 것은 아니다. 그 나름대로 하면 된다.

요즘 스파를 갖춘 시설들을 보면 앞으로의 세대들이 즐길 수 있는 문화로 발전되어 가는 것 같다. 주변에는 분위기 좋은 카페와 맛난 빵집 등이 약속이라도 한 것처럼 있다. 예전에는 분위기 좋은 가든 이라고 해서 갈빗집이 많았다. 실제로 갈빗집은 야외 환경이 정말 좋아서 결혼식도 했었다.

얼마 되지 않은 세월의 흐름 속에 초고속으로 고급화되고 세계화되는 것이다. K컬처 K푸드에 걸맞은 우리의 생활환경이 변화하고 있다. 변화하는 것에 잘 대응하고 빨리 적응하는 법도 배워야 한다. 우리가 적응하는 방법에 익숙하지는 않더라도 도전 의식을 가지고 해봐야 한다. 요즘은 차 한 잔이라도 마시려면 키오스크라는 기계와 대면해야 한다. 기계 앞에서 당황하지 말고 덤벼보면 다 할 수 있다. 새로운 문화를 12월에 만나 보자.

조용히 나가기

잠자리에 더 머물고 싶지만 눈이 부시도록 창을 향해 들어오는 햇살을 뿌리치지 못하고 자리에서 일어난다. 뭐 커튼을 쳐도 되겠지만 그렇게까지 하면서 햇살을 막고 싶지 않아서 덕분으로 일찍 일어나서 습관처럼 휴대폰을 보게 된다.

휴대폰에 단 톡 방 운영자들이 아무리 단속하고 경고해도 밤새 무엇인가 이야기하고 싶고 알려주고 싶어서 아니면 무엇인가 불편한 일을 함께하자고 단체카톡방에 응원의 말을 듣고 싶어서 올릴 수도 있다는 생각이 든다. 물론 기분 좋은 내용도 있지만 대다수의 보내오는 내용은 SNS상에서 본인이 보고 또는 읽고 스스로 감동한 내용을 퍼서 보내는 내용이다.

귀감이 되는 좋은 글 그림도 있고 사진도 있다. 모두가 잘살아 보자는 내용이다. 힘내고 용기내어 세상하고 한판 싸움에서 승리하자는 다 알고 있는 내용이기는 하지만 때로는 너무 같은 내용을 여기저기 각기 다른 단 톡 방에 보내어서 휴대폰 속의 단체카톡방이 보낸 이의 감정과 감상을 이입시키려는데 이용되는 쓰레기통 같은 생각이 든다.

많은 사람들 생각이 카카오 사업자에게 전해져 채팅방 탈출 방법이 이제 단체카톡방에서 본인이 함께하고 싶지 않으면 조용히 나갈 수 있게 되었다고 한다. 단 톡 방에서 나가고 싶은데 함께 있는 사람들의 눈치가 보여서 나가지도 못하고 그냥 초대된 대로 있어야 하는 불편함이 있었는데 이제 나가도 함께 있던 사람들이 모르게 조용히 나가는 기능이 있어서 이제부터는 가능하다고 한다.

조용히 나가기로 하려면 조금은 복잡한 과정을 거쳐야 한다. 우선 아이폰은 앱스토어 갤럭시는 플레이스토어에서 카카오톡을 업데이트하고 진행해야 한다고 한다. 젊은 사람들은 어려운 일이 아니겠지만 조금 연세가 있으신 분들은 한 참 연구해야 가능할 것 같은 생각이 든다. 연구하면 다 가능하다.

팬데믹을 지난 3여 년 동안 치르고 난 이후 생각지도 못한 장례가 있어서 황당하고 황망하기 짝이 없다. 또한 그 소식을 접하는 부고가 단체카톡방이나 메시지 함으로 받게 되는데 깜짝 놀란다. 그 이유는 본인 사망 부고를 본인이 하는 격으로 카톡방이나 메시지 함으로 받게 되니 처음에는 장난? 하고 이리저리 알아보면 당사자가 맞는다는 이야기에 참 황망 중에 더 어처구니가 없다.

이런 일이 현재 진행되고 있다. 이렇게 보내고 받는 것이 맞는가? 어떤 방향으로 이런 문자를 이해해야 하는지를 누구와 어떻게 상의하고 알아야 하는지 참 신문화 속에 살고 있는 우리는 어떻게 해야 하는지 알 수 없다. 편의성 편리성이 앞선 생각에서 이런 일이 진행되고 있다고 생각한다. 생각이 좁아서일까? 아니면 넓은 폭이 없는 생각에서 황당하다는 생각이 들까하는 물음이 생긴다.

그냥 지나칠 수도 있겠지만 우리는 살아가면서 문화를 만든다. 만드는 것은 우리가 책임질 사회적 질서 문화이다. 좋은 방법이 있으면 좋겠다. 아니 좋은 방법이 있어야 한다. 물론 이렇게도 생각해 봤다. 기독교인이지만 내적 유교적인 사고가 있어서일까도 생각해 봤다. 아무리 생각해봐도 종교적인 사고와는 무관한 것 같다.

우리가 살면서 예절과 예의가 있다. 부모님 상을 당하고 잘 모셨다고 인사의 글이 카톡방이나 메시지 함에 올라오면 수고 했다고 댓글이 달린다. 부모님이 돌아가셨는데 마땅히 해야 할 도리를 했는데 웬 수고가 있을 수 있겠는가? 우리는 이렇게 쉽게 실수를 한다. 어떤 말로 위로를 해야 할지 모르면 댓글을 달지 않으면 된다.

요즘은 어떤 일이 시작되면 그 일에 옳고 그름을 판단하기도 전에 급속도로 퍼져 나간다. 신문화 속에서도 우리가 지켜야 할 도리와 예절 예의가 편리성이나 편의성으로 변질되어서는 안 된다.

자연의 루틴

더위로 피곤했던 몸은 기온 차가 심한 요즘 감기와 몸살 앓은 사람이 많다. 이번 감기에 붙잡히면 보통 10일~15일 정도가 되어야 회복이 된다고 한다. 따뜻한 옷과 따뜻한 물을 많이 마시면 예방이 될 수 있다고 한다. 하지만 젊은 사람들은 아이스커피를 지금도 마셔야 일과를 시작하는 데 도움이 된다고 한다.

사람들은 일은 시작하려면 자기만의 루틴routine이 있다. 무엇이든 자기가 하고자 하는 일을 시작하기 전에 특별하게 하는 습관, 행동들이 남들 모르게 하나씩 있는 것 같다. 정작 본인은 모를 수도 있다. 아마 젊은이들 대다수가 냉커피를 한잔 책상 위에 놓아야 심정적으로 편안하여 하던 일을 계속할 수 있는 것 같다.

자연도 항상 자기들만의 루틴이 있다. 우리가 보기에는 해마다 다른 것 같아도 가로수 한 그루 놓고 계속 관심 있게 보면 루틴이 있다. 안산

천변의 아름드리 오리나무나 벚나무를 보면 나무마다 다르다. 봄에 잎이 나무들이 똑같게 잎이 나오지 않는다. 어느 한 나무는 우듬치부터 잎이 피는가 하면 동쪽으로 뻗은 가지부터 잎을 내는 나무도 있고 한다. 다른 나무들이 아무튼 여러 모양으로 잎을 피워도 텅 빈 가지를 그대로 가지고 있다가 어느 날 나무의 제일 아래 나뭇가지부터 잎을 피기 시작하여 단숨에 나뭇가지에 잎을 무성하게 피우는 나무도 있다.

매년 지켜보면 작년에 나뭇잎을 내는 것 하고 비슷하게 나뭇잎을 낸다. 마찬가지로 단풍이 물들이기 시작하면 그것 또한 나무마다 다 다르지만, 물들이는 것도 매년 같은 쪽에서 시작하여 단풍잎으로 변한다. 나무들의 잎을 물들이는 것이 어느 쪽일까 살펴보면 남쪽 잎이 제일 먼저 물들 것 같지만, 아니다. 다른 곳에 나무들의 나뭇잎은 어떤지 모르겠지만 관찰하는 나무는 서쪽 가지에 있는 나뭇잎이 제일 먼저 물들이기 시작한다. 그리고 큰 나무는 북쪽 가지에 있는 나뭇잎이 먼저 물들인다.

물론 깊게 관심을 가져보면 다 이유가 있고 과학적 근거가 있다. 하지만 우리의 일상으로 견주 보았을 때를 이야기로 한다. 말 못 하는 나무들도 그들 나름대로 해마다 무엇인가 변화를 가질 때에는 늘 하던 루틴이 있다는 게 신기하다. 어려서부터 하던 것을 잊지 않고 큰 아름드리나무가 되어도 가지만 더 무성해졌을 뿐 하던 행동들은 그대로 하여 나무의 단풍이 아름다운 색으로 변하여 떨구어 자기들의 몸을 보호하고 내년을 기약하는지 참 대단하다고 여겨진다.

우리 고장 안산은 녹지율이 73%가 넘는 아름다운 우리 고장이다. 봄과 가을에 다른 고장에 꽃과 단풍을 보러 일부러 가지 않아도 된다. 안산 천변과 화정천변 그리고 갈대 습지 부곡동에 있는 공원과 호수공원 경기도미술관이 있는 화랑유원지를 틈을 내서 가보면 이 가을에 저장해 놓아야 할 감성을 듬뿍 담아 올 수 있을 것이다. 가는 곳마다 아름드리 단풍이든 나무와 억새꽃과 갈대꽃이 여기저기에서 반기는 손짓을 한다.

시내에서 조금만 차로 이동하여 보면 벼 수확 철이어서 누런 벼가 논마다 그득그득하여 그야말로 황금물결이 일렁거리고 있다. 이제 하루이틀사이에 벼는 모두 추수가 될 것이다. 그 안에 잠시 맑은 공기도 마실 겸 나가서 보는 것도 스트레스를 이기는 방법이 될 수도 있다.

우리가 단체로 일상의 루틴으로 봄이면 꽃을, 가을이면 단풍을 보러 다른 고장으로 가던 것을 우리 고장의 봄과 가을을 보는 것으로 루틴을 바꾸어 보면 어떨지 싶다.

우리 고장은 곱고 깊은 갈색의 아름다운 가을이 무르익고 있다!

화장지 3칸

물자가 흔하여 우리 일상생활에서 필요한 것은 주거지를 중심으로 어디에서든지 다 구입할 수 있다. 물가가 올랐다고 말하지만, 공산품 가격은 다른 물품에 비해 많이 오른 편은 아니다. 장마가 시작되어 채소류와 과일류의 값이 천정부지로 오르기는 했다.

제철인 채소류와 과일류 가격이 오르는 것은 어쩌면 당연하다고도 볼 수 있다. 여름 과일이 막 익어서 출하를 앞두고 있는데 장마가 시작되어 채소 농가와 과일농가가 어려움을 겪고 있는 곳도 있다. 비닐하우스에 물이 들이닥쳐서 애써 가꾼 과일을 수확 한 번 못 해보고 고스란히 장맛비에 침수되어 허망한 일을 당한 농가 주인의 눈 안에 가득 고인 눈물이 기억되어 아프다.

이상기후 현상으로 예측 못 한 일이 고스란히 우리의 삶 속에 녹아들어 와서 예방 방법을 찾기 전에 찾아와 우리의 삶을 흔들어 흩트려 놓고는 한다. 경제 성장기에는 모든 것이 모자라고 없었을 때는 우리가 열심히 하면 된다는 희망을 품고 모든 국민이 각자가 하는 일에 정말 모든 면에서 절약하며 열심히 했다.

그 예로 어머니들은 흰쌀이 귀하던 시절에는 보리쌀로 많은 밥을 지을 때 어른들 밥에 조금의 쌀알이 섞인 밥을 드리려고 아껴 놓은 쌀 한 줌을 내어 씻기 전에 그 쌀에서 숟가락으로 2~3숟가락 쌀을 떠서 부뚜막 한쪽에 놓인 절미 항아리에 쌀을 저축했다. 그 쌀이 모이면 정말 귀하게 쓰였다. 아이들 등록금 납부에 도움이 되거나 친인척 댁에 큰일이 있을 때 그 몫을 단단하게 해내기도 했다.

물질이 흔한 요즘은 공중화장실이던 개인 집이건 화장지가 흔하다. 몇 년 전만 해도 공중화장실의 화장지가 없어지는 일도 흔하게 있었다. 화장실 갔다 나오면서 아니면 들어가면서 화장지를 많이 떼어 가지고 가는 일이 있었다. 그래서 안내문이 붙기도 했다. '화장지는 사용할 만큼'만 이라고 하는 웃지 못할 일도 있었다.

시내에는 지정된 빌딩 1층 건물 안에는 시에서 지급되는 화장지가 걸려 있다. 예전같이 화장지가 없어지지는 않는 것 같다. 그런데 어느 빌딩에서는 언제부터인지 귀감이 될 만한 일이 있다. 화장실을 사용하는 사람이 자기가 가지고 간 화장지에서 2~3칸 정도는 떼어서 화장지를 미처 준비하지 못하고 오는 사람들이 사용할 수 있게 빈 화장지 걸이에 걸어 둔다. 누가 시작했는지는 알 수 없다. 하지만 그 빌딩 화장실엔 3칸의 비상용 화장지가 몇 장씩 있는 것을 볼 수 있다.

3칸의 화장지를 놓고 오려고 더 많이 가지고 가는 것은 아닐 것이다. 사용할 만큼 가져가서 남들이 하는 것처럼 3칸을 놓아둔 것을 보고 그 화장실을 이용하는 사람들은 3칸을 떼어서 놓고 오는 것 같다. 이렇게 공중화장실에서 일어나는 소소한 배려와 또 절약이 요즘 같은 때에 얼마나 크고 귀한 마음인지 떼어 놓은 마음은 아무 생각 없이 했지만, 그것을 사용하는 사람은 아마 아무 생각 없이 사용하거나 또 고맙다는 생각할 것이다. 이런 일이 우리의 일상에서 말없이 전파되어 절약한 나눔이 소소한 작은 행복함으로 이어졌으면 한다.

옛날 어머님들이 하셨던 절미의 철학하고는 결은 다르지만, 물질이 풍부한 이 시대를 살아가는 사람들의 아주 작은 실천으로 기후 위기에 참여하는 일이라 여겨도 될 것 같다.

방송사의 변화

코로나-19 이후 달라진 게 잘 살펴보면 참 많아졌다는 것을 제일 많이 알 수 있는 것은 TV 방송 프로그램이다. 2년이 넘도록 대면이 안 되니 방송사에서 어떻게 이 시간을 할 것인가 고민한 것이 보인다.

얼마 전만 해도 프로그램 진행을 떼로 나와서 화면에 다 잡히기 어려울 정도의 집단 MC로 진행하는 프로그램이 많았었다. 사람들이 함께 진행하다 보니 각자가 프로그램 성격에 대해 나름의 견해 등을 내놓아 공동 진행하면 실제 내용을 진행하기에는 집중력이 떨어지고 잘 전달이 안 될 경우도 있었다.

그런데 감염병이 유행하면서 대면이 어려운 방송사의 고민으로 정말 시청자들이 필요로 하는 그리고 집중력이 요구되는 프로그램이 좀 늘었다. 그 어느 때보다도 골라서 시청하기 좋은 프로그램이 좀 생겼다. 지난 2년이 넘는 시간 동안에는 노래하는 프로그램이 우리를 견디게 해 주는

데 많은 기여도가 있었다.

새로운 프로그램 예를 들어보면, 지금까지 그동안 어느 집을 막론하고 아이들을 기르면서 발생하는 여러 사정을 속 터놓고 이야기할 수 없었던 그리고 잘 알 수도 없었던 육아법을 시작해서 아이들과 부모들의 관계 사이에 일이 무엇 때문에 발생 되었고 어떻게 하면 치료와 회복이 된다는 명쾌한 해답을 주는 프로그램이 방송되고 있다.

결혼은 하였어도 부모가 되는 교육은 딱히 받지 못하고 아이를 낳고 기른다. 요즘은 인터넷을 통하여 육아법도 익힐 수도 있지만 보통은 책을 보며 육아를 했다. 부모 세대와 함께 살 때는 그나마 경험에 의한 육아를 부모님들에게 전수받을 수 있는 기회가 있었다. 하지만 여기에서는 육아법이 때론 세대 갈등의 원인이 되기도 했다.

가장 쉬운 예로 아이들에 떼를 쓰는 이유가 있다는 것과 그것을 어떻게 해야 서로 상처를 받지 않고 치료를 할 수 있는지를 실제로 한 가정을 사례로 진행하면서 생각과 마음과 말씨와 행동을 상담으로 알려주는 프로그램이다. 이 프로그램을 통하여 내 아이가 산만하다고 생각했지만, ADHD 주의력결핍 과잉행동장애 것을 알았고 부모가 성인 ADHD임을 알고 치료를 해 가는 과정을 보여주는 것은 시청자들에게 많은 상담이 되어 치유된다고 볼 수 있다.

시사와 교양 프로그램도 색다르게 방송사마다 시작했다. 세계사를 미술과 문학을 통하여 쉽게 이해하고 알 수 있게 물론 학교 다닐 때 공부는 다 했어도 공부할 때와 어른이 되어서 또다시 그림을 통해서 그 시대를 이해하고 알 수 있다면 일거양득이다. 그림을 감상하는 태도가 달라질 수도 있기 때문이다. 또한 글 쓴 작가의 의도를 정확하게 알고 이 가을 책을 다시 읽을 수도 있기 때문이다.

또 하나는 세계여행을 마음 놓고 못가니 방송사에서 가볼 만한 곳을 직접 찾아가서 설명과 함께 나라마다의 관광지를 자세하게 설명하여 짧은 시간에 보여주어서 아쉽기는 하지만 그것 또한 볼만한 프로그램이다.

방송을 통하여 지구상에 있는 나라 사람들이 입고 먹고살고 있는 소소한 일상생활을 통하여 그들이 지금 어떤 문화 속에서 어떤 것을 생각하며 살고 있는지 그리고 그들 조상이 어떤 일을 하였고 그래서 어떤 문화유산을 남겼는지를 한눈에 보며 우리와 비교도 하게 된다.

이 시대에는 방송사의 역할은 참으로 크다고 생각된다. 전염병으로 많은 것이 변화되고 변해야 하는 시대이다. 하여 방송사들은 시청자들을 위로하고 응원하는 프로그램을 많이 개발하길 바라는 마음이다.

전염병 전에 방송사들은 방송사의 특정한 임무를 잊어버린 것처럼 우리들의 마음을 우울하게 또는 불편하게 하는 방송을 하여 많은 사람이 TV를 안 본다고 했다. 그렇다고 요즘 방송 프로그램이 다 좋아진 것은 아니다. 여전하지만 변화하려는 노력이 보여서 칭찬하고 응원해 주어 더 좋은 프로그램으로 시청자들에게 보여서 인정받는 방송사들이 되기를 바란다.

모바일mobile 청첩장

10월이 시작하자마자 연휴 2번에 벌써 중순에 접어들고 있다. 아직까지 푸른빛이 더 많은 주변의 풍경이다. 아마 잎 새를 떨어뜨려야 하는 나뭇잎들도 지독했던 여름 더위로 정신을 못 차리고 있는 것 같다.

올해 가을은 예년에 비해 보름 정도가 늦게 찾아온다고 한다. 요즘 가을비도 이따금 내리고 하여 수분이 그득한 나뭇잎들이 올가을에는 정말 예쁜 빛깔의 단풍으로 우리에게 여름 더위 보상이라도 할 모양 같다.

코로나 팬데믹 이후 찾아온 우리의 아름다운 가을이어서 마스크를 벗고 마음껏 공기를 마시기에 가장 좋은 가을 일기가 요즘 지속되고 있다. 주변 곳곳에는 문화제 예술제 및 각종 축제가 한창이다. 많은 사람이 오랜만에 야외 행사에 볼거리를 마음껏 즐기고 있다.

이렇게 좋은 일기와 함께 결혼예식도 다른 계절에 비해 많아졌다. 하여 청첩장이 모바일로 초대되고 청첩이 되고 있다. 초대장과 청첩장이 모바일로 되어서 종이 절약과 배달되는 과정이 모두 생략된 가운데 휴대폰 속에서 이루어지고 있다.

결혼예식을 앞두고 바쁜 신랑·신부는 청첩장을 가지고 어른들을 찾아 뵙고 인사도 드리고 했던 시절이 이젠 옛이야기가 됐다. 신랑·신부를 아는 일가친척들은 어렸을 때를 기억하고 인사를 온 예비 신랑 신부를 맞아 식사대접도 하고 덕담도 하며 어렸을 때의 이야기도 하며 앞으로의 한 가정을 이루고 살아갈 때 복을 빌어주며 축복하는 자리도 있었다.

휴대폰에 청첩장이 와서 열어보면 청첩의 내용이 예비 신랑 신부가 쓴 내용으로 담아져 있다. 결혼예식에 초대되는 사람들은 예비 신랑 신부들의 지인들도 있지만 결혼예식을 하기까지 양육하여 키운 양가 부모님의 일가친척과 지인 그리고 선후배인데 예비 신랑 신부가 청첩의 내용을 담아 보내는 것이 언제부터 시작되었는지 이것도 새로운 문화인지 생각해 봐야 할 것 같다.

예비 신랑 신부가 주도적으로 본인들의 결혼예식이어서 내용을 그렇게 담아서 보낸다고 생각을 해보면서도 무엇인가 조금은 생각이 섭섭하다고 느껴진다. 모바일 청첩장을 만드는 것은 관련된 곳에서 준비된 기본 내용에다 조금 빼거나 더 넣어서 문구를 만들어서 보내는 것이어서 그런가? 아니면 모든 것을 생략하려고 그런 것인가를 한 번 생각해 봐야 할 것 같다.

물론 시대의 흐름이 모두들 그렇게 하니까 다 그렇게 한다. 하지만 조금만 더 생각해 보면 양가 부모님들이 초대한다는 내용도 담기면 좋을 것 같다. 우리 가정의 아들딸이 이렇게 잘 성장해서 한 가정을 꾸리게 되었으니, 결혼예식에 오셔서 많은 축복 해주시길 바란다는 내용이 함께 담기면 더 좋을 것 같다.

청첩의 내용이 무엇이 중요한가를 한 번 더 생각해 보면 좋을 것 같다. 많은 가정에서 결혼당사자들이 알아서 하니 뭐라고 이야기하는 것을 모두 생략하는 것 같다. 종이에 인쇄해서 우체국에 가서 일일이 집 주소로 붙이는 것도 아니고 요즘 결혼당사자들이 모바일에 익숙한 대로 진행하니 무어라 조언할 틈도 없다.

아시안게임 때도 모든 것이 모바일을 통하여 운영되었다고 한다. 우리가 아시안게임 개막식과 폐막식을 TV로 시청했다. 성화 봉송도 디지털 주자가 등장해서 점화했다 이 장면은 정말 대단한 디지털 기술에 대한 찬사를 아낌없이 보냈다. 그러나 허전함도 있었다. 지구가 너무 뜨거워지는 것을 작게라도 낮추고자 불꽃놀이도 디지털로 대체하여 탄소중립을 하여 지구 환경보호에도 앞장서고 있다고 대대적인 홍보도 하였다.

아시안게임은 내용을 디지털화해서 화려하게 많은 것을 보여주었다. 항저우의 옛것과 문화를 더 극대화해서 많은 것을 보여주고 환경보호 차원에서도 앞장섰다고 할 수 있다. 우리들의 생활 주변에서도 일어나는 많은 것들을 새로운 것과 옛것을 접목해서 더 좋은 것으로 발전되었으면 한다.

PART V_ 시간의 뒷 모습

달라진 여행지

벚꽃을 보려면 다른 도시로 여행 갈 것 없다. 우리 도시처럼 벚꽃이 많이 피는 도시는 없을 것 같다. 실제로 벚꽃이 많이 핀다고 하여 가 보면 우리 도시보다 못하다. 우리 도시는 동서남북 어디로 가도 가로수로 벚꽃 나무가 심어져 그 풍경이 참 장관을 이룬다. 5월이면 시내 곳곳에 장미가 붉은 잎을 뽐내며 고고하게 자태를 드러내고 그윽한 향기를 날리고 있다.

여행의 목적은 여러 종류로 나눌 수 있지만 아침에 떠나서 오후에 귀가하는 일정은 자동차로 2~3시간 거리에 있는 여행지를 찾는다. 그런 곳이 남쪽은 충청권까지이다. 그리고 북쪽으로는 파주까지 다녀오는 거리로 적합한 것 같다.

이런 이유에서 요즘은 깊은 산중에 공원을 조성하고 입장료는 없이 카페에서 차 한 잔씩을 사서 마시게 하는 것이 유행인 모양이다. 일찍이 첩

첩산중에 땅을 가지고 있었다면 다행이지만 공원을 만들기 위해 땅을 새로 사들여서 조성하였다면 계산을 달리해 봐야 할 일이다. 이렇게 개인이 조성한 공원은 요즘 전국에 많다.

개인 공원에 설치미술이나 시비를 세우고 식물원을 만들고 박물관에서의 체험 그리고 많은 종류의 꽃과 작은 연못과 이름이 있는 나무들로 구색을 갖추려면 정말 대단한 각오와 돈이 필요하다. 식물원에는 얕은 물이 흐르게 하여 물고기가 노닐게 만든 것도 특별한 것 중의 하나였다. 생각을 실행하여 나누고 공유한다는 의미에서 참 좋은 것 같다. 하지만 카페를 이용해야 하는데 가격이 만만치 않다. 입장료가 무료였으니 뭐라 할 수도 없다. 그래도 입장료는 입장료로 받고 카페의 찻값은 시중하고 같거나 비슷하기를 바라면 욕심이다.

선생님 부부가 외도라는 무인도를 매입해서 아름다운 섬으로 만들어서 많은 사람이 다녀왔다. 현재도 진행 중인 그 섬은 부부가 남겨놓은 공원을 자녀들이 더 아름답게 가꾸고 꾸며서 사랑받고 있다. 절경의 바다 풍경과 아열대식물들이 그득하게 자리 잡고 카페와 식당이 있어서 찾는 여행객들에게 만족도를 높여 뱃멀미하면서도 찾아간다.

여행사 사장이 한 말이 기억에 남는다. 해외여행만 주선하여 다니다가 코로나 팬데믹으로 해외여행은 중단하고 국내 여행지를 찾다 보니 우리나라에 정말 가 볼 곳이 너무 많고 아름답고 예쁜 곳이 정말 많다는 것을 이제야 알았다고 한다. 몇 년 사이에 우리 곁에 있는 자연과 함께 인위적인 것들이 생산적으로 탈바꿈되었음을 우리도 피부로 느낀다.

요즘 여행은 전 세계적으로 유튜버들이 다니면서 방송해서 그런지 세계를 구석구석 찾아다니고 체험하는 것을 보여준다. 생각도 못 해보았던 여행지의 모습에 가끔은 놀란다.

우리나라 사람들이 세계 어느 나라이던 거의 다 살고 있는 것 같다. 방송에서 경쟁하듯이 방송되는 현지에 살고 있는 우리나라 사람과 함께하는 여행도 요즘 눈으로 보는 여행도 그 재미가 쏠쏠하다.

그래도 우리나라만큼 아름다운 나라는 없는 것 같다. 우선은 익숙한 것에 점수가 많이 간다. 지자체마다 관광객을 유치하려고 둘레길 만들고 호수가 있으면 흔들다리 만들고 좋은 찻집 유치하고 좋은 음식점 들어오게 한다. 그뿐만 아니다. 묵을 수 있는 호텔까지, 이 모든 걸 카드 한 장 들고 나서면 깔끔하게 즐길 수 있도록 다 준비가 되어 있다. 카드도 필요 없다. 휴대폰에 QR코드만 있으면 일사천리로 해결된다. 이제 우리도 이런 대열에 합류하는 것에 주저함이 없어야 하겠다.

우크라이나 전쟁과 고려인

빨간 장미는 6월 중순이 되도록 피어 있지만 꽃잎이 그 힘을 잃어 힘없는 꽃잎이 그 자태를 유지하려고 애쓰고 있다. 다른 품종의 장미는 아직도 싱싱한 꽃잎을 피우고 있는데 유독 빨간 장미는 빨리 시들어 가고 있다. 6월은 우리가 너무나 가슴이 아픈 6.25 한국전쟁이 발발한 달이다. 빨간 장미도 꽃잎으로 그때를 기억하며 이야기하는 것 같다.

우크라이나와 러시아 전쟁으로 고려인들이 친인척이 있는 우리나라에 와 있다. 그들은 바로 우크라이나의 고려인들이다. 우리나라로 피난한 그들은 남자는 없다. 어린이들과 노인들 그리고 여성들이다. 이들은 극동지역에 거주하던 고려인들을 스탈린의 강제 이주 정책으로 중앙아시아지역으로 강제 이주를 당하면서 중앙아시아 여러 지역(나라)으로 흩어지면서 우크라이나에 터전을 잡고 살고 있는 고려인들이다.

우리가 잘 아는 것과 같이 고려인들은 뛰어난 농업 부문에서 실력을 인정받아 명성을 얻고 전문직에 종사하는 고려인들도 많고 우리가 그렇듯이 교육열이 높은 것도 대한민국에서와 같아 흩어진 고려인들이 다방면으로 뛰어나서 그 사회에서 인정받고 성공한다는 것을 가끔은 방송 다큐멘터리에서 우리가 볼 수 있다.

우크라이나 고려인들의 언어는 모두 러시아어를 사용하고 있고 그 외모도 우리와 많이 닮아있다. 러시아어가 고려인들에게 제1의 모국어로 되어 있다고 한다. 그것은 러시아어를 사용해야 그곳에서 삶을 영위할 수 있으며 인정받고 살아갈 수 있었기 때문이라고 한다. 러시아 주변국에 흩어져 살고 있는 고려인들이 모두 러시아를 할 줄 알아야 살아가는데 불편이 없다고 한다.

전쟁으로 삶의 터전을 잃고 가족을 잃고 피난하여 우리를 찾은 그들은 전쟁이 끝나면 다시 그들이 살던 우크라이나로 돌아가야 한다. 그 땅에 평화가 하루속히 빨리 와야 한다. 전쟁터에 징집되어 나간 가족이 살아서 돌아온다는 보장이 없다. 시간이 길어지면 길어질수록 돌아온다는 보장이 더욱더 어렵기 때문이다. 우리가 한국전쟁 시 겪었던 그 일이 지금 고려인들 또 겪고 있다. 한 가정의 아들이고 아빠이고 남편인 그들이 돌아오지 못했을 때 그들이 겪어야 할 고통은 참으로 감당하기 어려울 것이다.

우리가 겪었던 70년 전의 전쟁보다는 무기가 더 발달 된 것으로 한 번에 많은 목숨을 앗아가는 것이라는 점에서는 정말 더 무섭다. 다른 것이 있다면 같은 피를 나눈 핏줄에게 총을 겨눈 전쟁이 아닐 뿐이지 목숨을 건 전쟁은 정말 무섭다. 우크라이나 고려인들이 비행기를 타고 피난 온 것은 문명의 혜택이지만 그들이 겪는 고통은 문명의 혜택하고는 아무 상관이 없다. 우크라이나 고려인들이 우리 곁에서 머물다 평화가 찾아와서 돌아가는 날까지 그들의 슬픔을 위로하고 그들의 어려움을 우리가 도울 수 있는 것은 도와야 할 것이다.

6월은 호국보훈의 달이다. 호국영령에 대해 우리가 다른 어느 때보다도 더 많은 생각과 그분들을 기리는 마음을 더욱더 가져야 할 것이고 그분들이 있어 우리가 이렇게 좋은 세월에 많은 것을 누리고 살고 있음을 감사하는 마음을 잊으면 안 될 것이다.

꽃무릇 _석산/상사화

밤 8시가 되도록 더위가 그 위세를 떨치고 있어서 시간이 가는 줄도 모르고 덥다 덥다고 하다 달이 바뀌어 9월이 되었다. 9월이 되어서도 더위는 낮에는 여전히 덥다. 벌써 동지를 향하고 있는 계절은 저녁 6시 반이 되면 어둠이 내려앉기 시작한다. 시간상 1시간 반이나 낮의 길이가 짧아졌는데도 더위는 물러날 기미가 보이질 않는다.

아침이 시작되기 전 해가 막 솟아오르려고 할 때 아마 찬바람이라고 할 수 있는 시원한 바람이 살짝 창문 넘어 들어온다. 하지만 해가 뜨고 나면 여전히 덥다. 오늘은 그 더위 사이로 비도 간간이 뿌려서 더위를 식히는 듯했으나 여전히 덥다.

하지만 가을이 온 것은 확실하다. 시청앞 대로 화단에 핀 꽃무릇이 땅에서부터 쑥쑥 올라와 꽃이 만개했다. 상사화라고도 불리는 꽃무릇이 올해는 그 색이 예쁘지 않다. 왠지는 모르겠다. 더워서 꽃의 색이 본래의 색으로 피지 않았는지는 조사를 안 해봐서 모르겠다.

인터넷에 찾아보면 꽃무릇이라는 별칭을 가지고 있는 이 두 꽃은 피는 계절이 다르다고 한다. 석산과 상사화라 하는데 석산은 가을 가재무릇이라 하고 상사화는 개 가지 무릇이라고 한다. 이 꽃들은 꽃과 잎이 함께 달리지 않는 것이 특징이라고 한다. 꽃의 색은 석산은 붉은색이고 상사화는 홍자색이라고 한다. 그런데 올해 핀 석산인지 상사화인지는 색이 붉은색도 아니요. 홍자색도 아닌 연한 살구색으로 꽃들이 땅속에서 쑥쑥 올라와 나무 밑에 평지에 무리 지어 피어 있다.

상사화라고 불리게 된 것은 꽃과 잎이 서로 못 보고 대궁에 꽃만 피는 것이라 서로 그리워한다고 하여 상상화라고 했다고 한다. 관심을 가지고 꽃을 보면 신기하다. 그저 땅에 파란 대궁이 올라와 꽃술을 길게 뻗어 꽃잎에 둘러싸여 무리 지어 피어 있는 것을 보면 손으로 만든 꽃을 잎사귀 없이 땅에 꽂아 놓은 것 같이 보인다.

여름꽃으로 핀 상사화인지 가을꽃으로 핀 석산인지가 분명하지 않다. 물론 자세히 보면 알 수 있겠지만 차를 타고 지나치며 보았기 때문이다. 석산 꽃무릇은 9월에서 10월 사이에 피는 여러해살이풀이라고 한다. 며칠 전에 제주에서도 둘레길을 걷다가 이 꽃을 먼발치에서 보았다. 꽃이 핀 계절은 8월인데 색은 상사화를 닮아있었다. 꽃의 색깔이 살구색이었다. 알아보는 사람들은 상사화가 벌써 피었다고 했다.

상사화 또는 석산이라 부르는 꽃무릇이 피었다. 아마 가을이 왔다고 생각되어 꽃대를 올려서 가을꽃으로 피었다고 생각한다. 여름이 막 끝나가고 있을 때 크고 작은 나무 밑에 군락을 이루고 피는 꽃이라서 눈에 잘 띈다.

햇빛이 강해지면서 피기 시작하는 여름꽃은 능소화가 있다. 잎이 무성하다 못해 진초록으로 단장하여 덩굴로 가로등이나 별도로 설치해 놓은 곳을 타고 올라가며 피는 이 능소화는 색이 분명하다. 진홍색으로 여름 햇빛의 강렬함을 무색하게 싱싱하게 피며 잎도 윤기가 흐르며 진초록으로 무장하여 귀한 꽃임을 알게 한다.

여름꽃 중 또 목백일홍이 있다. 언제부터인가 가로수로 심어져서 심심치 않게 목백일홍꽃을 볼 수 있다. 목백일홍꽃은 이렇게 가로수로 심어지기 전에는 산사에나 가면 수령을 자랑하는 목백일홍을 여름날에 볼 수 있었다.

봄에도 꽃들이 앞다투어 꽃잎을 열어서 날씨가 꽃들이 피는 시기를 혼

동케 한다고 생각하고 기후 위기를 생각한다. 물론 꽃이 피는 시기를 보고 기후 위기를 생각하는 것은 아니다 아직도 더운 날씨와 세계 곳곳에 내리는 비의 양을 보면 우리가 알고도 남음이 있다.

꽃들이 땅으로부터 대궁을 올려 잎을 내고 꽃을 피워 그들이 할 일은 하고 있음을 우리는 함께 살아가며 자연스럽게 알 수 있다. 나무에 피는 봄꽃들은 대략 꽃이 피고 잎을 내어 푸른 여름으로 향하게 하는데 꽃잎과 잎이 서로를 못 보고 한 여름을 마무리할 즘 뜬금없이 크고 작은 나무 밑에 대궁을 쑥 내밀어 꽃이 피게 하니 많은 꽃과 다른 모습에 그저 신기할 뿐이다.

누구라도 그대

가을엔 편지를 하겠어요/누구라도 그대가 되어/받아주세요/ 낙엽이 쌓이는 날/ 모르는 여자가 아름다워요/가을엔 편지를 하겠어요/ 누구라도 그대가 되어/보내주세요/낙엽이 흩어진 날/외로운 여자가 아름다워요/가을엔 편지를 하겠어요/모든 것을 헤메인 마음/보내드려요/낙엽이 사라진 날/ 헤메인 여자가 아름다워요

시인 고은이 작사하고 가수 김민이 작곡을 한 가을 편지의 내용이다. 가사 내용을 끝까지는 다 모르더라도 잎이 떨어져서 이리저리 뒹굴 때쯤이면 노래의 첫 도입 부분인 '가을엔 편지를 하겠어요'를 무심코 안다. 지금보다는 덜 각박하고 낭만이 가득한 때여서는 아닐 것이다.

봄부터 시작해서 더운 여름이 지나고 다시 찬 바람이 불어오는 것을 피부로 느끼고 한 해 동안 열심히 사느라 잠시 잊고 지냈던 주변이 생각나서 일 것이다.

요즘 시대의 가을 노래는 따로 있는지는 생각을 안 해봤다. 아니 생각을 안 해본 게 아니라 잘 듣게 되는 노래가 없어서 일 것이다. 얼마 전을 옛날이라고 하기에는 그리 멀지 않았던 그때는 주로 종이에 펜을 가지고 개인의 안부나 소식 또는 삶에 필요한 내용을 담아 편지를 쓰고 우표를 사서 붙여서 길거리에 있는 빨간색 우편함에 넣으면 보내고자 하는 목적지에 있는 사람에게 배달이 되었다. 편지를 보내는 것은 내 마음이고 답장은 상대의 마음일 것이다. 답장을 기다리는 것이 아니다. 그저 떠나보내야 하는 계절의 마음을 담고 있기 때문 일 것이다.

짧은 봄과 여름을 보내면서 주변들도 변화가 있고 각자의 생활에서도 크고 작은 변화가 있기에 잠시 잊고 있던 주변이 찬바람과 함께 생각이 난다. 아마 그것은 농부가 봄에 씨를 뿌려 추수하는 가을에 대하는 마음일 것 같다. 우리 마음도 봄에 모든 것에 열의를 가지고 시작했던 한해의 열정에 최선으로 여름까지 다하고 지나가야 하는 길목에서 그동안 분주한 일상에 치중했던 생각을 잠시 멈추고 떨어지는 낙엽을 보면서 평소에 전하지 못했던 여러 생각과 마음을 계절에 듬뿍 담아서 편지를 썼던 것 같다.

SNS가 많이 발달하여 이제는 보편화되어 종이에 글을 쓰는 일은 거의 다 사라지고 있다고 하는 것이 맞을 것 같다. 짧은 문자로 평상시에도 많이 소통하고 있어서 편지를 쓰는 일은 굳이 안 한다. 우리가 누리고 있는 문화 중에는 휴대폰 속에서 문자로 마음만 먹으면 바로바로 개인끼리 또는 그룹끼리 얼마든지 할 수 있는 문화를 우리는 잘 이용하고 즐기고 있기 때문이다.

그뿐만 아니다. 짧은 내용이라도 글쓰기가 자신이 없거나 표현하고자 하는 내용이 조금은 쑥스러울 때 그리고 단어로서는 도저히 표현하기가 어려울 때는 이모티콘이라는 것을 이용하여 마음의 표현을 잘 전달할 수가 있다. 그것도 어려우면 여기저기에서 보내주는 그림 카드도 많다. 가을이면 낙엽 위에 좋은 내용의 글이 쓰인 카드도 누가 만들어 놓았는지 관심만 갖고 있으면 얼마든지 마음을 전하고자 하는 내용을 충분하게 챙겨서 보낼 수 있다.

'누구라도 그대가 되어' 편지를 받아줄 수 있는 주변 환경이 요즘은 너무나 잘 되어 있다. 평소에는 소통이 없는 전화번호이지만 저장만 되어 있다면 마음속에 있는 '그대가' 되어 줄 수 있는 전화번호가 있을 것이다. 그것을 기억해 내어 가을 편지를 써보면 좋을 것 같다.

시대의 흐름 속에, 종이와 펜을 가지고 고민하며 글을 쓰는 것이 아니라 마음속에만 있던 차마 전하지 못한 마음을 꺼내어 낙엽 위에 용기라는 단어를 얹어서 이 가을이 다 가기 전 '그대'에게 한 줄의 편지를 써보면 좋을 것 같다.

긴긴 내용은 한 줄의 짧은 안부의 글로 만나서 낙엽이 쌓여 있는 길을 걷던 벤치에 앉든 서로가 '그대'가 되어 보내주고 받으면서 보내드리면 좋을 것 같다. 가을비가 다 내리고 나면 추워진다고 한다. 추워지면 또다시 바빠지기 시작한다. 환경이 좋아진 덕분에 요즘 딱히 겨울 준비가 많이 있지는 않다. 그저 계절이 주는 우리의 마음가짐일 것이다. 사계절을 살아가는 우리에게는 우리의 조상이 했던 DNA가 있어서 일 것이다.

가을엔 누구에게라도 편지를 쓰는 일도 환경이 더 발전해도 어떤 형태이든 계속 이어질 것이며 '누구라도 그대' 변함없을 것이다.

가을꽃

가로수의 은행잎들이 빛나는 노란 색으로 휘감고 서 있다. 가로수로 심어진 모과나무에 모과도 튼실하게 열어, 가지가 휘어지게 달려있다. 올해는 가을비가 적어서 단풍이 예쁘지 않을 것 같다고 했다. 하지만 우리 동네의 가을은 예년의 가을과 다를 것 없이 나뭇잎들이 정말 예쁘게 물들고 있다.

가을이 보이는 언덕

잡힐 듯 다가오는 가을/소슬바람에 들꽃은 흔들리고
풀벌레들 어디로 떠나는지/이별의 노래를 합창한다
오솔길 따라가던 저녁노을/ 구름 위에 머물면
들판에 익은 곡식/영롱한 꿈에 취한 채/휘청거린다
숨 가쁘게 도시를 맴돌던 바람/맑은 개천가에 목축이고
눈을 들어 언덕을 바라보면/코스모스 길 따라 가을은

먼 길 떠나고 있다
-김영순 시집 시월의 정에서

아파트 정원에도 들국화가 무리 지어 향긋한 냄새로 벌을 유혹하고 있다. 그 옆에 자리 잡은 억새들도 기름이라도 칠해놓은 것 같은 꽃잎을 내놓아 바람결에 휘청거리며 구름 한 점 없는 가을하늘을 향해 인사를 한다.

가을이 익어 갈 즈음 은행알이 인도 위에 떨어져서 행인들의 발에 밟혀서 고약한 냄새가 나서 가을을 진하게 느끼곤 했는데 요즘은 은행이 달리 나무에는 떨어지는 은행알이 인도 위에 떨어지지 않게 받을 수 있도록 넓은 받침을 설치해서 은행알을 수거하는 것 같다. 언제가 늦은 가을에 서울 광화문에 갔었는데 서울도 예외 없이 은행알이 떨어진 것을 사람들이 밟아서 고약한 가을 냄새가 진동하는 것을 목격했었는데 올해는 어떻게 되었는지 궁금하다.

우리 동네에는 갈대 습지가 있다. 그리고 경기도 미술관 호수 쪽에도 갈대가 요즘 갈대꽃을 다 피웠을 것 같다. 겨울이 오기 전 갈대들이 군락을 이루고 바람결 따라 이리저리 흔들리는 것을 보면 한 해가 가는 것을 아련하게 느낄 수 있다.

갈대는 볏과에 속하는 여러해살이풀이라고 한다. 갈대꽃은 갈색으로 핀다. 그리고 억새도 화분과(볏과)의 식물이라고 한다. 자라는 토양도 약간은 다르다고 한다. 억새는 밭둑이나 얕은 산자락과 산등성 등에 서식한다. 갈대는 바닷물과 강물이 만나는 소금기가 있는 땅에서도 잘 자라는 특성이 있다고 한다. 그래서 때론 갈대를 염생 식물로도 분류한다고 한다.

요즘은 아파트 정원에도 억새를 심어서 가을에 정취에 흠뻑 빠지게도 한다. 노오란 들국화와 은빛을 띄운 억새꽃이 가을 햇살과 잘 어울려 일렁거리는 모습은 바다에 파도가 치는 모습을 닮은 것 같기도 하다.

억새와 갈대가 바람에 부대끼며 나는 소리에 합창으로 목청을 뽐내던 벌레들도 한 해의 마무리를 노래로 화답하며 안식처로 숨어드는 것 같다. 바람은 가을 물감을 들고 이리저리 햇빛을 따라다니며 숨어있는 푸른 잎에, 물감들이기에 열중하고 있다.

걷기 좋은 때다. 더 깊은 가을이 오기 전에 잠깐의 시간을 내어 안산천변과 화정천 변 길을 걸어도 가을에 푹 빠질 수 있다. 그리고 경기도미술관 앞 작은 호수 주변에 핀 갈대꽃을 볼 수 있다. 가을꽃 중에 갈대꽃이나 억새꽃이 가을바람에 실려 이리저리 나부끼는 것을 보면 한 무리 철새들의 군무를 보는 것 같다. 요즘 우리 동네 푹 익은 가을이 가득 내려앉아 있다.

기억

오랜만에 하천 산책로를 걸었다. 매일매일 빌딩과 빌딩을 드나들면서 가로수와 주변에 있는 나무를 보며 날씨는 추운데 산수유가 피었다. 또는 목련 나뭇가지에 꽃봉오리가 만들어진 것만 보고 꽃샘추위가 왔다 갔다 하는구나! 아니면 황사가 하늘을 뒤덮은 것을 보면서 마스크를 또 착용해야겠다 하는 마음으로 3월을 보냈다.

지난겨울 동안 무엇을 했는지 도무지 생각할 틈도 없이 삼라만상이 잠에서 깨어나 이었다. 쑥은 벌써 쑥쑥 커 있었다. 누렇게 빛바랜 덤불 속 잡초도 푸르름을 가득히 안고 새싹을 내고 있었고 만인의 봄의 연인인 개나리와 진달래꽃은 무어라 할까 깔끔하게 피었다고 할까 기억 속에 꽃이 아닌 귀한 자태로 눈길을 붙잡는 것 같았다. 봄에 피는 모든 꽃이 손에 손을 잡고 누가 먼저라고 할 것도 없이 작은 풀꽃부터 모든 봄꽃이 꽃의 향연을 시작하고 있다.

비가 요즘 들어 자주 내리더니 하천에는 물이 보기 좋게 넘실거리며 봄빛에 반사되고 있었다. 오리 부부도 봄맞이를 나와서 따사로운 햇살을 받으며 연신 깃털을 고르고 있었다. 팔뚝만 한 고기들이 물이 많은 관계로 잘 보이지는 않았지만, 하천도 잘 정돈되어 있어 새롭게 보인다.

해마다 오는 봄을 기억의 창에 잘 담아 두었는데도 새로운 봄이 오면 지난해의 봄은 잊어버린다. 아마 지난해 봄도 올봄과 똑같이 가슴이 벅차도록 새싹이 나오는 모습에 깜짝 놀랐었고 꽃잎이 피는 것에 흥분했었다. 까마득하게 잊어버리고 올해 봄만 처음처럼 맞이하면서 행복한 마음이 그득하다.

우리 도시는 이렇게 곳곳이 잘 조성되고 동서남북 어딜 가도 숲이 우거지고 아름다운 도시이다. 그런데 우리 도시를 위해 일을 하겠다고 나선 사람들이 우리가 도시를 만들면서 벚꽃나무는 어디에다 심었고 라일락꽃나무를 어디에 심었는지를 모르는 사람들이 우리 도시를 대표해서 일을 한다고 나왔다. 그 세월이 40년이 지났는데 아직도 우리는 우리를 대표해서 일할 일꾼을 우리가 함께 벚나무와 라일락 꽃나무를 심은 사람들로 세우지 못한다는 것에 참으로 개탄스럽다.

요즘 일을 한다고 하는 사람들이 만화의 한 장르에 나오는 사람들 같다. 무슨 나라의 일꾼들이 복수를 한다고 하는 말들을 거침없이 한다. 우리나라가 자기들만 살아가는 나라인가? 시민과 국민은 없다는 말 같다. 그것도 많이 배운 사람들이다 모든 이력이 자기 분야에서 석박사이다. 석박사를 할 때 정치할 생각을 안 했다 해도 많은 책을 읽었을 것이다. 그 책 속에서 국민이나 시민을 상대로 개인적인 복수를 해야 한다고 있지는 않았을 것이다.

우리가 이 봄이 되면 기억이 난다. 도시의 환경을 위해 우리 시민들이 어떻게 했는지 우리를 대표해서 우리와 함께했던 일꾼들도 벚꽃 나무를 심었고 라일락 나무를 심기 위해 모금을 해서 나무를 사다가 심었다. 그 나무들이 뿌리를 내려 공원에서 잘 자라 시민들이 휴식하는 데 큰 자리를 내어주고 있다. 이렇게 우리와 함께 도시를 가꾸고 발전시켜 도시가 변모되고 사통팔달로 길을 내고 함께 살고 있는 도시이다. 도시를 위해 함께 울고 웃으며 도시의 발전과 다른 도시에 뒤처지지 않는 도시를 만들고 시민을 위해 수고를 했음에도 무슨 까닭으로 우리를 잘 모르는 사람들이 대표를 한다고 할까. 참 황당하다는 생각 밖에는 다른 생각을 할 수가 없다.

봄이 되면 어느 곳에 어떤 꽃이 피고 가을이면 단풍이 일품으로 드는 곳을 그들은 알까! 40년이 넘은 도시에 정치를 잘하는 사람은 어떤 사람일까? 우리의 냄새를 모르는 사람들이 우리의 냄새를 중앙정치에 잘 반입시켜 줄 수 있을까 하는 생각이 든다.

그렇다고 일꾼을 안 뽑을 수도 없는 일이다. 일단 마을을 고쳐먹고 일꾼은 선택을 해야 한다. 우리가 기억을 잘 더듬어서 우리 고장을 잘 이해하고 우리와 함께 잘 어울릴 수 있는 일꾼을 선택하면 좋을 것 같다. 선택된 일꾼에게는 봄이면 벚꽃이 어디가 아름답고 개나리꽃이 어디에 무리 지어 많이 피는지를 알려주면 잘 알아듣는 일꾼을 뽑으면 좋을 것 같다.

추억 속의 감성

노래하던 뻐꾸기 노랫소리가 잦아들 무렵 밤꽃이 여기저기 흐드러지게 피는 6월 하순 무렵이다. 열심히 낮의 길이를 가장 길게 하려고 동지부터 달려온 해도 하지를 맞이해서 다시 동지를 향에 천천히 걸음을 옮기는 때이다.

기후의 위기 속에, 땅속에 들어 있던 구근들은 가뭄으로 봄 작물이 그 크기가 예년에 비해 작다. 그러나 가격은 대폭 올라서 코로나-19를 겪으면서 생활에 변화가 있을 것이라고는 예상했지만 우선 농산물 가격이 대폭 인상되어 제일 먼저 우리 앞에 다가와 있다. 크기도 작아지고 수확물도 많이 줄어들었다고 한다. 그런데 전쟁(우크라이나-러시아)으로 인한 에너지와 여러 가지가 우리가 예상했던 것보다 더 일찍 찾아와 있다. 공공요금도 인상될 것이라는 이야기가 뉴스에 계속하여 나오고 있다.

우리가 대면으로 무엇을 할 수 없었던 지난 2년의 시간 속에 머물러 있다가 이제 원래대로 회복하기 위해 대면으로 활동을 부지런히 해서 정상으로 가야 하는데 많은 물가가 천장높이로 인상되어 있다. 물가도 올랐지만, 생활의 터전을 운영할 수 없게 되어 문을 닫은 작은 점포 또는 큰 점포가 참 많다. 어제인가 TV프로에 세계적으로 유명한 조수미 성악가가 이런 말을 했다. 피아니스트가 공연이 없어서 생계를 유지하기 위해 배달을 해야 했다고 하는 그 말이 참 마음에 와닿고 우리가 얼마나 힘들고 어려운 고비를 지내고 왔는지를 알 수 있다. 코로나-19를 우리가 다 함께 겪으면서 지혜롭게 잘 견디고 지내왔지만, 주변 모든 것이 알게 모르게 변화되었거나 없어지고 사라지는 게 하나둘 나타나기 시작했다.

이제 실외에서는 마스크를 벗어도 되어서 그리 멀지 않은 곳에 가서 숨을 크게 한 번 쉬어보는 생각에 학교 다닐 때 수시로 갔었던 강촌엘 갔다. 물이 많고 학생들이 기차 한 번 타면 가서 캠핑도 하고 경제적 사정이 안 좋아도 어떤 행사도 할 수 있던 곳이라서 관심을 가지고 그 기억을 살려서 찾은 곳에는 참으로 변해도 많은 변화가 있었다. 강촌역은 레일바이크역으로 변해서 아름다운 강줄기를 따라서 직접 운전하여 레일바이크를 타고 갈 수 있게 되어 있었다. 너무나 다른 모습으로 변해 있어서 학생 때 그 추억의 감성은 어디에서도 찾을 수는 없었지만, 멋진 관광지로 변한 모습은 참 우리나라가 부자가 맞구나 하는 생각을 갖게 하였다.

무엇보다도 우리나라가 경제적으로 발전이 되어 요즘은 농어촌 어딜가도 외국에서나 볼 수 있었던 관광지의 모습을 쉽게 접할 수 있다. 강물이 흐르는 곳은 강물 따라 둘레 길과 레일바이크로 강물이 흐름과 우리의 감성을 함께 묶어 흐르게 하고 얕은 산언저리에는 둘레 길을 만들어 큰 나무 작은 나무들에게 우리 가슴속에 묻어둔 스트레스를 내려놓고 가게 한다. 그뿐만 아니다. 먹거리도 춘천에서나 먹을 수 있었던 유명한 닭갈빗집도 관광객을 위해 준비되어 있었다.

외국의 문화를 보러 가는 것도 꼭 해야 하지만 이렇게 다양하게 변화된 우리나라 관광지를 한 번 다 다녀보는 것도 참 좋을 것 같다. 생각하지 못한 곳에 참 아름답게 시설들을 잘 차려 놓았다. 우리의 것을 다 보고 추억 속의 그 감성을 한 번쯤 찾아보는 시간을 가져 봄도 좋을 것 같다. 요즘 비행기 삯이 엄청 많이 인상되었다고 한다. 외국에는 코로나-19가 좀 더 확실하게 종식되었다는 발표가 있기까지는 기다렸다가 관광하고 그전에는 우리나라 여러 곳에 아름다운 곳을 찾아서 여행해 보는 것도 좋을 것 같다.

TV에서 방영되는 전 세계의 아름다운 관광 명소를 보여주는 채널이 있다. 그곳을 통해서 세계여행은 쉽게 하고 또 미리 여행지의 여러 가지를 미리 숙지하고 있다가 여행한다면 여행지에 대해서 좀 더 깊숙이 이해하여 공감할 수 있을 것 같다.

색소폰 앙상블이 주는 따뜻한 선물

앙상블이라는 단어가 음악을 하는 단체에서 함께 연주할 때와 패션에서 옷을 입었을 때 전체 코디가 서로 잘 어울린다는 뜻에서 나온 단어이다. 프랑스어ensemble로 함께 전체가 하나로 동시에라는 단어라고 한다. 이 말이 음악 공연과 패션 분야로 들어와서 지금처럼 쓰이게 되었다고 한다. 함께 어우러짐을 또는 함께 조화를 이룬다는 뜻이 있다고 한다.

외래어가 우리나라에 들어와서 아예 자리 잡고 우리말로 쓰이는 말이 많다. 그중에 앙상블이란 단어는 왠지 우리에게 꼭 있어야 할 말이 같이 친근하다. 쌀쌀한 초겨울에 색소폰 앙상블 연주회가 있었다. 색소폰은 왠지 남성스럽고 그 소리가 우렁차다고 할까 20명이 넘는 단원들이 함께 색소폰을 불면 참으로 대단한 소리가 된다.

소프라노 색소폰, 알토색소폰, 테너색소폰, 바리톤 색소폰, 등 파트를 나누어서 균형이 있게 자리를 배치하고 그 자리에서 한 곡 한 곡을 연주하게 되면 함께 어우러져서 나오는 색소폰 소리는 정말 큰 울림으로 감동이 따른다. 특별히 우리나라 노래 중 가곡이나 유명한 트로트 또는 외국곡으로도 잘 알려진 노래를 연주하면 객석에서 소리 내어 노래를 불러도 색소폰 소리에 묻혀 사람의 목소리는 잘 안 들릴 정도로 아름다운 선율의 파워는 대단하다.

음악을 하는 사람들은 다양하고 그 장르도 많다. 그리고 나름에 많은 활동을 하지만 생업으로 음악을 전문적으로 하는 사람들 공연은 티켓을 구매하여 듣는 것이 마땅히 당연하다. 프로의 음악은 그 많은 시간을 연습하고 연습하여 사람들 앞에서 연주하는 것이니 숨죽여 듣고 감동한다. 때로는 치유 받기도 한다. 본래의 직업을 가지고 있으면서 여가를 이용하여 음악을 한다는 게 쉽지는 않다. 얼마 전부터 유행처럼 평범한 남성들의 로망인 색소폰을 배우는 남성들이 많아진 것 같다. 일상에서의 탈출 또는 여가를 즐기는 방법의 하나이기도 하다.

악기가 비싸기도 하지만 시간을 조금 많이 가져야 연습이 되는 악기인 것 같다. 직장생활이나 회사를 운영하면서 자투리 시간을 내어서 악기 연주를 배운다는 것이 그리 녹녹하지는 않을 것 같다. 봄이나 가을 정도 안산 천변을 걷다 보면 가끔 다리 밑에서 색소폰을 연주하는 것을 볼 수 있다. 집에서는 연주 연습을 할 수 없기 때문이다. 이웃에 민폐가 되기 때문이다.

이렇게 어렵게 악기 연습하여 색소폰 음악을 하는 사람들이 모여서 동호회를 만들고 한 사람 두 사람이 모여서 평소 하고 싶었던 음악을 하고 드디어 집단이 되어서 평소 익힌 솜씨에 연습을 1년씩 해서 음악을 좋아하는 시민들을 초대하여 연주회를 하는 것이다. 에이스 색소폰 앙상블이라는 이름을 걸고 대공연장에서 색소폰 연주회를 2시간 동안 무료 공연으로 시민들에게 많은 감동과 위로를 주어 박수갈채를 받았다.

누구나가 한 번쯤은 악기를 연주하고 싶은 생각이 있을 것 같다. 하지만 그것을 실행하여 공연까지 한다는 게 쉽지는 않다. 그런데도 쌀쌀한 초겨울 날씨에 따뜻한 선율로 우리에게 크게 감동을 준 에이스 색소폰 앙상블 있었다. 따뜻했던 날씨가 추워지면서 김장 나눔 또는 겨울 채비로 바빴던 시민들의 일상 속으로 들어와 음악 나눔 색소폰 연주회에 초대는 그간의 피로를 완전하게 회복시키는 귀한 시간이었음을 연주자나 시민이나 모두 공감하며 조화를 이루는 감사하는 시간이었다.

유명 가수의 공연

어느 도시이든지 전철역 부근에는 버스 정류소와 택시 정류소가 대부분이 있다. 하지만 없는 도시도 있었다. 낯선 도시에 큰 행사가 있으면 주차장 문제도 있고 해서 대부분 전철을 이용한다. 전철은 빠르고 도착 시간이 예상되는 시간에 정확하게 도착 되기 때문이다.

산간벽지 농어촌을 제외하고는 웬만한 중소도시에는 전철이 다 연결되어 있다. 전철에서 내려서 가고자 하는 목적지에는 버스로 가기에는 조금 불편해도 택시를 타면 바로 목적지로 갈 수 있어서 전철역 근처로 약속하고 가면 일정을 무사히 소화해 낼 수 있다.

안산과 인접해 있는 도시에서 큰 공연이 있어서 전철을 이용하여 행사장을 가려고 미리 검색해 놓은 역에서 내려서 버스나 전철을 타려고 계획하고 막상 실행에 옮기려고 하는데 문제가 생겼다. 그 전철역 부근에는 버스 정류소도 택시 정류소도 없었다. 행사장에 가려고 타지에서 온 사람들이 우왕좌왕하였다. 전철역에 내려서 사방을 둘러보아도 근처에는 행사장을 갈 교통수단이 아무것도 없었다. 날은 어두워지고 낯선 곳에서 어느 쪽으로 가야 하는지 방향도 못 잡고 있을 때 그곳에 살고 있는 듯한 주민에게 택시 정류소를 물었을 때 다문화인이 모른다고 대답했다.

행사장에 갈 사람들이 어느새 모여지고 다시 젊은 학생들에게 택시 타는 곳과 버스 타는 곳을 물었을 때 대략 5분 정도 걸어서 어느 빌딩 사이로 나가면 큰길이 있고 택시와 버스를 탈 수 있다고 안내해 주었다. 공연장에 가는 사람들이 하나둘 모여서 서로 이야기하지 않아도 함께 움직였다.

문제는 그 도시에 큰 행사가 있어서 택시 타기가 쉽지 않았다. 타 도시에서 온 사람들은 그 공연장에 가기 위해서 서로서로 돕기 시작했다. 버스노선과 카카오 택시를 호출했을 때 어디 있는지 위치를 정해주는 일까지 각자가 할 수 있는 일들을 했다. 시간은 넉넉했지만 낯선 도시에서 교통수단이 연결이 안 되어 있어서 모두 동분서주하게 하는 그 도시에 대한 기억은 정말 다들 안 좋게 기억될 것 같다.

그런 와중에도 공연장에 함께한다는 그 자체만으로 연결된 사람은 행사장에 가는 사람들을 함께 태우고 차비도 택시를 부른 사람이 부담하면서 뿌듯한 마음으로 공연 내용을 듬뿍 담아 행복하길 빌어주는 인심은 정말 우리만이 할 수 있는 또 다른 친절의 문화이다. 공연의 내용을 공유하고 공연자를 공유한다는 그것 하나만으로도 서로서로 돕고 나누고 공유한다는 그 문화는 공연자 평소의 마음가짐과 그에 따른 행동이 그를 공유하는 많은 사람을 친절하게 만드는 것 같다.

공연이 있던 도시는 빌딩 사이로 불빛은 휘황찬란했으나 전철역에서 다음으로 이어지는 교통수단을 고려하지 않고 설계되었다는 것은 많은 소시민에게 친절하지 않은 도시의 전철역과 한 사람의 공연으로 그를 공유한다는 그 사실만으로 따뜻하고 상대방에게 배려가 넘치는 친절한 문화는 우리가 생각을 좀 해봐야 할 것 같다.

텀블러

길거리에 다니다 보면 젊은 층은 손에 무엇인가 들고 주변을 개의치 않고 거리를 활보한다. 한여름과 한겨울에도 얼음이 듬뿍 담긴 아이스커피를 삼삼오오 짝지어 도란도란 이야기하며 들고 다닌다. 투명 플라스틱에 담겨 있어서 얼음도 잘 보이고 진한 커피색도 잘 보인다. 특히 오피스office가 많은 길거리에는 그런 모습이 대세인 게 조금 됐다.

한여름에는 그것 또한 멋지다 젊은 청년들이 긴팔 흰 와이셔츠를 대충 팔에 걷어 올리고 투명한 커피 컵에 빨대가 꽂힌 컵을 들고 혼자이든 삼삼오오이든 거리를 아무런 제약 없이 활보하는 게 참 자연스럽고 좋아 보인다. 물론 청춘이 좋아 보이는 것일 수도 있다.

일회용 컵을 줄이자 또는 종이로 된 것만 사용하자 사회 문화 속에 설왕설래하여 가끔은 어느 장단에 춤을 출까, 하는 때도 있었다. 때맞추어 나온 제품이 텀블러이다. 요즘은 한여름 한겨울 가리지 않고 큼직한 빨대가 꽂힌 텀블러들을 들고 다닌다.

텀블러의 어원은 영어 tumbler는 "굴러떨어지는 것tumble"에서 유래한 말이라는 설이 있다고 한다. 원래의 텀블러는 손잡이가 없는 직선 형태의 '유리컵(또는 잔)'을 뜻했다고 한다.

텀블러는 1836년경에 영국에서 처음으로 유리 텀블러가 나왔다고 한다. 요즘은 괜찮은 메이커가 있는 텀블러를 젊은 층에서 선호한다.

그 유명한 윌리엄 스탠리는 1913년에 '모두 강(스틸)으로' 된 이중벽 진공병을 발명했다고 한다. 이 기술이 점차 컵 형태로 응용되면서 텀블러 문화를 발전시켜 왔다고 한다. 텀블러는 이렇게 해서 시작이 되었다. 그러는 중 다른 회사에서 1946년에 이중벽 단열 텀블러를 만들었다. 이게 상업적으로 보온 텀블러의 중요한 모델이 되었다고 한다. 요즘도 텀블러 하면 2016년에 나온 스탠리퀜처(갈증을 해소하는 것)가 대세이며 젊은 층들이 선호한다.

그 사이에 텀블러는 많은 형태로 만들어져 나왔다. 작은 크기에서 대형 1,000ml까지 다양하게 가지고 다니면서 냉온 한 물을 마실 수 있도록 만들어져 나왔다. 처음 슬로건처럼 갈증 해소를 위해서 젊은 층은 대형 텀블러를 선호하고 중년여성들은 예쁘게 생긴 자그마한 형태의 텀블러를 많이 선호한다. 가방에 넣어 다니기에 안성맞춤이기 때문이다. 요즘 미세먼지 등으로 인해서 물을 많이 마셔야 건강에 도움이 된다고 하여 어딜 가던지 내가 마실 물은 내가 가지고 다니는 것이 어쩌면 요즘 유행이다. 이 시대의 교양에 속할 정도로 텀블러를 많이 애용하고 있다.

우리나라에서도 예쁘고 잘 만들어진 텀블러가 생산된다. 가격도 저렴하고 다양하게 만들어져 나와서 가격 대비 좋은 게 많다. 옛 보온병은 '유리 진공병'이라 깨지기 쉬웠고 보온이 중심되고 텀블러는 내부가 스테인리스 스틸 진공이라서 튼튼하고 보온 보냉이 모두 가능하다. 텀블러를 사용하다가 안쪽에 찌든 때 또는 진공이 손상되고 금속 냄새가 심하게 밸 때는 텀블러의 수명이 다 됐다고 보면 좋을 것 같다. 우리의 생활 방식 환경 의식 등이 변화하면서 만들어져 유행하는 텀블러는 원래의 갈증 해소를 위해 만들어진 문화적 산물이다. 잘 이용하면 건강에 크게 도움이 될 것 같다.

푸른 하늘과 근정전

곤룡포를 입은 임금님 면복을 입은 임금님과 세자가 입는 단령복(보라색)을 입은 사람들이 근정전 앞에 많다. 양반의 옷을 입은 사람도 많다. 경복궁 안에서 볼 수 있는 광경이다. 피부색도 다르고 얼굴 생김새도 다른 여러 나라 사람 저마다 조선의 임금님과 세자가 되어 활보하고 있다.

여행 가이드의 깃발도 다양했다. 표주박에 색을 달리해서 여행팀마다 달고 외국 관광객들을 인도하고 있는 모양도 색다르다. 남녀노소 모두가 한복을 입게 되면 궁 입장료가 무료이다. 그래서 그런지 2시간 안에 대여해서 입는 한복값은 15,000원에서 20,000원 정도 한다. 2시간이 넘으면 대여비를 추가해서 내야 한다. 궁 밖에서 볼 때는 여성들이 한복을 많이 입은 것 같은데 궁 안에는 외국 남성들이 한복을 많이 착용하고 사진 찍기에 여념이 없다.

경회루의 아름다움에 관광객들은 넋을 놓고 감상하고 사진 찍기에 바쁘다. 가이드의 설명을 잘 듣는 것 같지는 않아 보였다. 여행 일정이 넉넉하지는 않아서일 것 같다. 한 컷이라도 더 찍으려고 남의 나라 전통 옷을 입고 자세를 취한다는 게 쉬워 보이지는 않았다. 특히 여성들이 한복이 아름답기는 하나 어떤 모습이 예쁜지는 그들은 잘 모르기 때문일 것이다.

그래도 나름의 가장 예쁘고 멋진 모습을 담아서 사진 찍으려고 하는 모습이 보인다. 한복이 남성 것은 그런대로 전통의 모습이 있는데 여성들의 한복은 전통하고는 거리가 멀다. 색상도 그렇고 한복의 모습은 닮았지만, 옛것하고는 거리가 멀어 보였다. 여성들의 머리에 꽂는 핀도 전통하고는 멀었다. 임금님 관은 익선관이라고 하는데 남성들이 익선관을 머리에 썼는데 크거나 작아서 무엇인가 엉성해 보여 민망하였다.

많은 관광객이 쉽게 입고 보기 좋게 만든 남녀 한복이지만 그들이 사진을 찍어서 그들의 나라에 가서 기념하고 추억 할 때 우리의 조상들이 남겨준 얼이 살아있었으면 하는 바람이 있어서이다. 짧은 시간 안에 착용하고 걸어 다닐 때 불편하지 않게 하려고 한 것도 이해는 되나 좀 더 한복 전문가들이 관심 가지고 외국 관광객들이 착용했을 때 전통이 살아있는 한복을 짧은 시간 속에도 입어보고 돌아갔을 때도 우리의 전통이 살아 있었던 것을 기억할 수 있도록 만들었으면 좋겠다.

푸른 하늘 아래 단청 색이 어우러진 가을에 찾아온 관광객들이 오방색이 들어간 한복을 입었더라면 더 좋았을 것 같다. 단청 색은 주홍, 청, 황, 백, 흑색이다. 우리가 입던 색동저고리 색이다. 나쁜 기운을 막아주는 뜻이 담겨 있는 오방색인 것을 그들이 알고 기억해 주면 좋겠다.

궁 안에는 많은 외국 관광객이 있었다. 덥지도 춥지도 않은 요즘 같은 가을날에 더욱 빛나는 궁궐의 아름다움을 그들이 눈에 담아가길 기대한다. 궁 주변에 많은 음식점이나 카페 등에서도 친절한 모습이면 좋겠다. 우리의 풍습과 우리의 문화에 처음인 그들에게 정말 친절하게 모두가 홍보대사가 되어서 기분 좋은 여행이 되게 해야 한다는 것을 익숙함에 놓쳐 버리질 않길 바랄 뿐이다.

「추천사」

마음의 산책이 필요한 이들의 에세이집

여종승 안산뉴스 대표

김영순 시인이 '머묾과 채움 사이의 향기' 세 번째 에세이집을 출간한다며 추천사를 부탁해 왔다.

김영순 시인은 수필가이자 칼럼리스트로도 활동을 병행하며 그동안 시집 '질그릇'과 '시월의 정'을 출간했다.

그는 안산 지역사회에서 한국문인협회 안산지부 회장과 안산소비자단체협의회장, 안산시광덕회장 등을 역임했고 안산문화원 부원장과 한국여성소비자연합 안산지부 회장, 수원지방검찰청 안산지청 형사조정위원 등으로 폭넓은 활동을 펼치고 있기도 하다.

김 시인은 수많은 단체 활동에도 불구하고 시간을 허투루 쓰지 않기로 소문난 여성 활동가로 두 권의 시집은 물론 첫 번째 에세이집 '살아가며 사색하며'를 시작으로 두 번째 '눈 속에 비친 하루'를 출간했다.

두 권의 시집과 두 권의 에세이집에 이어 세 번째 '머묾과 채움 사이의 향기' 에세이집까지 다섯 권의 책을 출간하니 놀랍다.

'기록이 쌓이면 역사가 된다'는 말이 있다. 기록이 매우 중요하다는 의미를 담고 있는 말이지만 전업 작가가 아닌 이상 생활 속에서 실천하기는 매우 어렵다.

김영순 시인의 에세이는 일상 속에서 듣고 본 것, 체험한 것, 느낀 것들을 형식에 얽매이지 않고 마음 가는 대로 쓰는 산문 형식의 글이다.

그의 에세이는 문장이 따듯함은 물론 서정적이고 자연을 소재로 하면서도 현재 살고 있는 도시 안산에 대한 사랑까지 담아내 많은 이들의 공감을 불러 일으킨다.

안산뉴스에 게재된 에세이들은 때론 일상 속에서 그냥 스쳐 지나갈 내용이지만 친숙한 소재와 감미로운 필체로 정서를 공유하는 독자들이 많았다.

김 시인의 에세이에 대한 정서 공유는 단순한 기록이 아니라 삶 속에 녹여져 있는 정서를 끄집어내는 매력이 있기 때문인 것 같다.

에세이집을 통해 마음의 산책이나 여유로움과 사회에 대한 새로운 발견을 원할 경우 김 시인의 '머묾과 채움 사이의 향기'를 선택해봄도 괜찮을 듯하다.

다정한 사람이자 수많은 사회단체 활동으로 다져진 경험과 사랑을 바탕으로 쏟아낸 김 시인의 정서를 공유케 하는 에세이야말로 살아가는 태도를 바꿔 줄 수 있는 모멘텀이 될 수 있기 때문이다.

일본의 할머니 시인으로 유명했던 '시바타 도요'가 있었다. 그는 92세 때 처음으로 시를 쓰기 시작해 98세 되던 해에 '약해지지마'란 첫 시집을 세상에 내놓았다. 일본은 물론 해외시장까지 진출하며 베스트셀러 반열에 올랐었지만 101세에 세상을 떠났다.

김영순 시인이 두 권의 시집과 세 권의 에세이집 출간에 그치지 않고 세상을 다하는 그 날까지 소녀 같은 심성 그대로를 간직하며 '시바타 도요'의 청춘 같은 열정으로 아름다움을 기록하는 시집과 에세이집의 계속되는 후속편을 기대해본다.

머묾과 채움 사이의 향기

초판 발행일 2026년 2월 10일

지은이 **김영순**
발행인 **김미희**
펴낸곳 **몽트**

출판등록 2012.12.20 제 2014-0000-38호

주소 안산시 상록구 화랑로 513 2층 24호
전화 031-501-2322 팩스 031-501-2321
메일 memento33@menthebooks.com

값 18,000원
ISBN 978-89-6989-142-6 03810